主　　编　孙晓勇　国家法官学院院长

最高人民法院司法案例研究院院长

副 主 编　胡田野　国家法官学院副院长

刘　畅　最高人民法院司法案例研究院规划部主任

主编助理　赵文轩　最高人民法院司法案例研究院规划部编辑

刘丽媛　最高人民法院司法案例研究院规划部编辑

《中国法院年度案例》编辑人员（按姓氏笔画）

王　锐　刘　畅　朱建伟　朱　琳　吴光荣　李晓果

李　谦　杨小利　胡　岩　赵文轩　唐世银　徐一楠

贾　停　曹海荣　梁　欣　程诗翰　程　瑛

本书编审人员　梁　欣

中国法院 2022 年度案例

国家法官学院　最高人民法院司法案例研究院 / 编

刑事案例三

（侵犯公民人身权利、民主权利罪、侵犯财产罪）

中国法制出版社
CHINA LEGAL PUBLISHING HOUSE

《中国法院2022年度案例》通讯编辑名单

凌　巍　北京市高级人民法院
刘晓虹　北京市高级人民法院
董　扬　天津市高级人民法院
王　佳　河北省高级人民法院
刘冬梅　山西省高级人民法院
杨智勇　内蒙古自治区高级人民法院
周文政　辽宁省高级人民法院
张功岩　吉林省高级人民法院
孙学诗　黑龙江省高级人民法院
牛晨光　上海市高级人民法院
戴鲁霖　江苏省高级人民法院
缪　芳　江苏省高级人民法院
符东杰　江苏省南通市中级人民法院
周耀明　江苏省无锡市中级人民法院
杨　治　浙江省高级人民法院
蒋　莹　浙江省高级人民法院
吴　婧　安徽省高级人民法院
林文君　福建省高级人民法院
章光园　江西省高级人民法院
王露爽　山东省高级人民法院
郭宇凌　河南省高级人民法院
宋淼军　湖北省高级人民法院
杨晓彤　湖北省宜昌市中级人民法院
唐　竞　湖南省高级人民法院
谢佩宏　广东省高级人民法院
邹尚忠　广西壮族自治区高级人民法院
韦丹萍　广西壮族自治区高级人民法院
李周伟　海南省高级人民法院
谭中平　重庆市高级人民法院
任　梦　四川省高级人民法院
李丽玲　云南省高级人民法院
石　瑾　云南省昆明市中级人民法院
龙　媛　贵州省高级人民法院
施辉法　贵州省贵阳市中级人民法院
王丽萍　西藏自治区高级人民法院
郑亚非　陕西省高级人民法院
吴　莹　甘肃省高级人民法院
央　措　青海省高级人民法院
康　莹　宁夏回族自治区高级人民法院
马小菊　新疆维吾尔自治区高级人民法院
王　琼　新疆维吾尔自治区高级人民法院生产建设兵团分院

序

党的十八大以来，以习近平同志为核心的党中央高度重视法治在推进国家治理体系和治理能力现代化中的重要作用，党的十九届六中全会通过的《中共中央关于党的百年奋斗重大成就和历史经验的决议》指出，必须坚持中国特色社会主义法治道路，贯彻中国特色社会主义法治理论，坚持依法治国、依法执政、依法行政共同推进，坚持法治国家、法治政府、法治社会一体建设，全面增强全社会尊法学法守法用法意识和能力。人民法院始终坚持以习近平法治思想为指导，把加强司法案例研究作为推进全面依法治国的重要途径，通过发布具有普遍指导意义的典型案例，统一法律适用、提高审判质效，提升司法公信力，努力让人民群众在每一个司法案件中感受到公平正义。《中国法院年度案例》丛书，旨在总结提炼典型案例的裁判规则和裁判方法，发挥司法规范、指导、评价、引领的重要作用，大力弘扬社会主义核心价值观，增强全民法治意识和法治素养，展现新时代我国法治建设新成就。

《中国法院年度案例》丛书自2012年编辑出版以来，已连续出版11年，受到读者广泛好评。近年来，为更加全面地反映我国司法审判执行工作的发展进程，顺应审判执行实践需要，响应读者需求，丛书2014年度新增金融纠纷、行政纠纷、刑事案例3个分册，2015年度将刑事案例调整为刑法总则案例、刑法分则案例2个分册，2016年度新增知识产权纠纷分册，2017年度新增执行案例分册，2018年度将刑事案例扩充为4个分册。自2020年起，丛书由国家法官学院与最高人民法院司法案例研究院共同编辑，每年年初定期出版。在全国各级人民法院的大力支持下，丛书编委会现编辑出版《中国法院2022年度案例》系列丛书，共23册。为助力实施环境资源审判专门化的司法政策，推进生态文明建设与绿色发展，自今年起，丛书将土地纠纷（含林地纠纷）分册改为土地纠纷（含环境资源纠纷）分册。

《中国法院年度案例》丛书以开放务实的态度、简洁明快的风格，在编辑中坚持以下方法，努力把案例书籍变得“好读有用”：一是高度提炼案例内容，控制案例篇幅，每个案例基本在3000字以内；二是突出争议焦点，剔除无效信息，尽可能在有限的篇幅内为读者提供有效、有益的信息；三是注重对裁判文书的再加工，大多数案例由案件的主审法官撰写“法官后语”，高度提炼、总结案例的指导价值，力求引发读者思考，为司法工作提供借鉴，为法学研究提供启迪。

《中国法院年度案例》丛书编辑工作坚持以下原则：一是广泛选编案例。国家法官学院和最高人民法院司法案例研究院每年通过各高级人民法院从全国各地法院汇集上一年度审结的典型案例近万件，使该丛书有广泛的精选基础，优中选优，可提供给读者新近发生的全国各地多种类型的典型性案例。二是方便读者检索。为体现以读者为本的宗旨，丛书分卷细化，每卷下还将案例主要根据案由分类编排，每个案例用一句话概括裁判规则、裁判思路或焦点问题作为主标题，让读者一目了然，迅速找到目标案例。

中国法制出版社始终全力支持《中国法院年度案例》丛书的出版，给了作者和编辑们巨大的鼓励。2022年，丛书将继续提供数据库增值服务。购买本书，扫描前勒口二维码，即可在本年度免费查阅往年同类案例数据库。我们在此谨表谢忱，并希望通过共同努力，逐步完善，做得更好，真正探索出一条编辑案例书籍、挖掘案例价值的新路，更好地服务社会主义法治国家建设、服务法治社会建设、服务学习研究法律的读者。

《中国法院年度案例》丛书既是法官、检察官、律师等法律工作者的办案参考和司法人员培训的实用教材，也是社会大众学法用法的经典案例读本，同时是教学科研机构案例研究的良好系列素材。当然，案例作者和编辑在编写过程中也难以一步到位实现最初的编写愿望，客观上会存在各种不足甚至错误，欢迎读者批评指正。我们愿听取各方建议，不断扩宽深化司法案例研究领域，立足新发展阶段，实现中国特色司法案例研究事业的高质量发展。

国家法官学院

最高人民法院司法案例研究院

2022年1月

目　录

Contents

一、侵犯公民人身权利、民主权利罪

（一）故意杀人罪

（二）过失致人死亡罪

二、侵犯财产罪

（一）抢劫罪

（二）盗窃罪

（三）诈骗罪

（四）职务侵占罪

一、侵犯公民人身权利、民主权利罪

（一）故意杀人罪

1

持枪致非法入侵住宅者死亡的正当防卫认定问题

——赵某库故意杀人案

【案件基本信息】

1. 裁判书字号

黑龙江省牡丹江市中级人民法院（2020）黑10刑初37号刑事判决书

2. 案由：故意杀人罪

【基本案情】

被害人杜某龙因某村电力改造一事对时任该村的村支书赵某生、村主任杨某伟心生不满。1996年6月27日19时许，被告人赵某库在杜某龙家门口，遇见饮酒后的杜某龙正在辱骂其父亲赵某生，二人遂发生争执，被多人拉开后，赵某库返回家中。杜某龙回家取来铁锹一把，随后进入赵某库家院内，被告人赵某库见状，在自家东屋窗前持家中双筒猎枪朝杜某龙开了一枪，杜某龙中枪后继续向前行走，赵某库又开了一枪，杜某龙转身离开，倒在赵某库院门外横道上。杜某龙被他人送往某镇卫生院后死亡。案发后，被告人赵某库逃离现场。经法医鉴定：杜某龙因生前火器伤致心脏破裂心包填塞死亡。

【案件焦点】

赵某库开枪行为是否构成正当防卫或防卫过当。

【法院裁判要旨】

黑龙江省牡丹江市中级人民法院经审理认为：被告人赵某库持枪故意非法剥夺他人生命，其在实施犯罪行为时具有杀死被害人的主观故意，客观上造成了被害人死亡的结果，其行为已构成故意杀人罪。被害人杜某龙因琐事与赵某库发生争执，在他人多次阻拦下仍持铁锹闯入赵某库家院内，导致冲突升级，结合被告人赵某库家院落平面图及赵某金证言证实，房屋距离大门约十米，且院落自案发当年到现在无变化，杜某龙拿着铁锹进到赵某库家院内约二米时，赵某库便在自家东屋窗内开枪。当时杜某龙虽然手持铁锹闯入赵某库家院内并叫嚣，但赵某金正拉着杜某龙的胳膊，杜某龙与赵某库相对距离较远，尚未对赵某库的人身安全造成较为紧迫的危险，故赵某库采用足以致人重伤或死亡的方式持枪射击被害人不具备防卫意图。被告人赵某库开枪射击被害人，并在明知被害人中枪的情况下又开一枪，对可能造成被害人死亡的结果持放任态度，其行为已构成故意杀人罪。综上，根据被告人赵某库的犯罪事实、犯罪性质、情节和对社会的危害程度，依照《中华人民共和国刑法》第十二条、第六十七条第三款的规定，判决：被告人赵某库犯故意杀人罪，判处有期徒刑十五年。

【法官后语】

正当防卫的成立条件为：（1）不法侵害现实存在；（2）不法侵害正在进行；（3）正当防卫要求防卫人具有防卫认识和防卫意志；（4）正当防卫只能针对侵害人本人防卫；（5）防卫行为必须在必要合理的限度内进行，否则构成防卫过当。

辩护人的辩护意见是：（1）赵某库开枪行为构成正当防卫，杜某龙表现出强烈的攻击性。杜某龙对整个事件的起因负有不可推卸的责任，二人发生争执起因系被害人杜某龙辱骂赵某库父亲，赵某库与杜某龙发生冲突，杜某龙表现出强烈的攻击性，叫嚣整死赵某库，多次想攻击赵某库均被在场人员拦下；赵某库开枪时不法侵害正在进行。案发时，赵某库家房屋门及窗户处于敞开状态，杜某龙持铁锹突破众人的阻拦和赵某库家已经关闭的院门，冲入赵某库家中的行为具有不法侵害性，赵某库开枪时不法侵害已经着手，处于正在进行的状态；赵某库开枪具有防卫意图。根据赵某库供述："我拿枪主要是吓唬杜某龙不让他来伤害我。"赵某库开枪之前曾警告过杜某龙别再进来，否则就开枪了，其目的是阻止杜某龙的伤害行为，且案发时天已黑，赵某库以为杜某龙手中拿的是斧子，赵某库开枪具有合理性；赵某库的手段没有超出必要限度。杜某龙拿铁锹冲入赵某库家，声称要致赵某库于死地，属于严重威胁他人人身安全的行凶行为，赵某库对杜某龙进行了口头警告后开枪，第一枪后杜某龙继续向前移动，说明开枪不一定造成他人死亡，强度也没有达到阻止侵害行为的目的，赵某库当时就是为了避免与醉酒的杜某龙发生争执而回家的，因此，赵某库的行为整体上是合理的。(2) 即便赵某库的行为超过必要限度，也应当按照故意伤害罪对其定罪处罚。赵某库没有杀害杜某龙的故意和动机，其在案发前的争执表现得较为克制，为避免冲突回家，主观上不存在因愤怒而杀人的故意。根据赵某库供述，猎枪有两个扳机，如赵某库存在杀人故意可以同时击发，没必要先开一枪。案发时天黑光线不好，赵某库供述："离我有五六米，我俩之间角度有点偏，不是正对着"如果具有杀人故意，可以距离更近一点瞄准致命部位开枪，故赵某库没有杀害杜某龙的故意和动机。(3) 起诉书指控赵某库连开两枪没有事实依据，证人证言证实第二枪与第一枪之间是有间隔的，并非连开两枪。且赵某库供述："第二枪是无意识下击发的。"(4) 哪一枪致死没有查清。同时辩护人向法庭提交证据：某镇三家子村委会证明证实，赵某库案发前是村里的电工，口碑较好；涉案房屋土地证证实，案发现场赵某库家院落概貌；刑事和解协议书及谅解书证实，赵某库与杜某达成调解协议，并取得杜某谅解。

1. 本案现实的不法侵害是否存在：本案辩护人提出杜某龙表现出强烈的攻

击性。杜某龙对整个事件的起因负有不可推卸的责任，二人发生争执起因系被害人杜某龙辱骂赵某库父亲，赵某库与杜某龙发生冲突，杜某龙表现出强烈的攻击性，叫嚣整死赵某库，多次想攻击赵某库均被在场人员拦下；赵某库开枪时不法侵害正在进行。案发时，赵某库家房屋门及窗户处于敞开状态，杜某龙持铁锹突破众人的阻拦和赵某库家已经关闭的院门，冲入赵某库家中的行为具有不法侵害性，赵某库开枪时不法侵害已经着手，处于正在进行的状态。笔者认为，值得注意的是，此时被害人杜某龙手持铁锹进入赵某库家院内，与赵某库家房屋尚有一段距离，虽然杜某龙口中谩骂赵某库，但对赵某库的人身安全尚未达到现实中的“紧迫”危险程度，故此时杜某龙属于非法入侵住宅，赵某库应采用与侵害行为强度相适应的防卫措施。

2. 赵某库开枪行为是否超过防卫必要限度：辩护人提出赵某库开枪具有防卫意图。赵某库开枪之前曾警告过杜某龙别再进来，否则就开枪了，其目的是阻止杜某龙的伤害行为，且案发时天已黑，赵某库以为杜某龙手中拿的是斧子，赵某库开枪具有合理性；赵某库的手段没有超出必要限度。杜某龙拿铁锹冲入赵某库家，声称要致赵某库于死地，属于严重威胁他人人身安全的行凶行为，赵某库对杜某龙进行了口头警告后开枪，第一枪后杜某龙继续向前移动，说明开枪不一定造成他人死亡，强度也没有达到阻止侵害行为的目的，赵某库当时就是为了避免与醉酒的杜某龙发生争执而回家的，因此，赵某库的行为整体上是合理的。笔者认为，在民间矛盾激化过程中，对正在进行的非法入侵住宅、轻微人身侵害行为，可以进行正当防卫，但防卫行为的强度不具有必要性并致不法侵害人重伤、死亡的，属于明显超过必要限度造成重大损害，应当负刑事责任，本案中被害人杜某龙拿着铁锹进到赵某库家院内约二米时，赵某库便在自家东屋窗内开枪。当时杜某龙虽然手持铁锹闯入赵某库家院内并叫嚣，但赵某金正拉着杜某龙的胳膊，杜某龙与赵某库相对距离较远，尚未对赵某库的人身安全造成较为紧迫的危险，故赵某库采用足以致人重伤或死亡的方式持枪射击被害人明显超过必要限度，同时，杜某龙中枪后继续向前行进，此时赵某库开了第二枪，其主观故意明显，应以故意杀人罪追究其刑事责任。

为此，面对矛盾纠纷应采取理智的方式进行非暴力沟通，合理运用周围环境及法律武器保护自己，每一位公民都应该从案件中吸取教训，控制自己的不良情绪，承担公民应尽的责任，做守法公民。

编写人：黑龙江省牡丹江市中级人民法院　蒋志红　康鹏

2

寻衅滋事致被害人泅水溺亡如何定罪

——俞某锋等故意杀人案

【案件基本信息】

1. 裁判书字号

浙江省绍兴市中级人民法院（2020）浙06刑终283号刑事裁定书

2. 案由：故意杀人罪

【基本案情】

2018年7月31日23时10分许，被告人俞某锋因被害人吕某强不让其朋友吕某峰用海竿在某农庄水库钓鱼而认为丢了面子，欲上水库找吕某强“理论”。被告人王某勇得知后主动纠集被告人梁某、倪某、张某柱三人同往，被告人俞某锋表示同意，但提出让同往的人到时不要动手。被告人王某勇准备了两把刀放到车辆副驾驶座位上。到达某农庄水库后，被告人梁某把两把刀拿下车，被告人俞某锋看到后让他将刀放回车里。被告人俞某锋、王某勇率先走上大坝找吕某强，梁某等三人跟随其后。被告人俞某锋与吕某强在大坝上碰头后发生争吵，被告人王某勇开口辱骂吕某强并率先打了吕某强一耳光，吕某强立即转身逃跑，被告人俞某锋、王某勇、倪某、梁某、张某柱紧随其后追赶。后吕某强跑下大坝跳入某水库并往外游，被告人俞某锋、王某勇、梁某、倪某、张某柱站在大坝上，被告人俞某锋、王某勇与吕某强对骂。其间，吕某峰在岸边规劝吕某强上岸，未果。后吕某强在水中大声喘气，被告人张某柱、梁某、倪某与被告人俞某锋、王某勇相继离开大坝，其中被告人张某柱、梁某和倪某在王某勇的指使下开车先行离开。后被告人俞某锋和王某勇听到吕某峰呼救，遂分头寻找救生工具，未果。吕某峰则下水救助，但未能成功。经鉴定，被害人吕某强系生前溺水死亡，即溺死。

【案件焦点】

1. 各被告人实施的行为与被害人的死亡结果是否存在因果关系；2. 各被告人是否已经预见自己的行为会致被害人处于危险之中；3. 各被告人是否负有因其先行行为导致的特定义务；4. 各被告人有无能力对被害人实施救助；5. 在被害人处于危险之中时，各被告人对被害人的安危是否采取放任的心态；6. 被害人自身是否存在过错。

【法院裁判要旨】

浙江省嵊州市人民法院经审理认为：被告人俞某锋、王某勇纠集其他被告人殴打、追逐被害人；被害人慌不择路选择自认为最有利的逃跑方式系人之常情，并无过错。被害人落水后，被告人俞某锋、王某勇站在大坝上与之对骂。并对被害人实施言语威胁，因岸上被告人众多且受到威胁导致被害人不敢上岸，即此时被告人所谓要求被害人上岸非担心他的安危而系教训被害人所需。虽然其间三名被告人离开，但仍有被告人俞某锋、王某勇和吕某峰在岸边，被害人不敢上岸符合人之常情，并无过错。人在深夜遭到追打、落入水库而不敢上岸会有生命危险是常识，从被害人落水到被告人从大坝上走出约 4 分钟，被告人俞某锋、王某勇与被害人对骂之后，也是因为感受到被害人有危险而去寻找救生器材，但被告人俞某锋动作迟缓，被告人王某勇无所作为，此时二被告人已经预见到被害人处于危险之中，但仍未采取进一步救护措施。综上，可以认定被告人俞某锋、王某勇在上述时间段对被害人的安危采取了放任的心态，属于负有因其先行行为导致的特定义务并且能够履行但未履行的不作为，并致一人死亡，属于不作为的间接故意犯罪，应以故意杀人罪而非过失致人死亡罪定罪处罚。被告人张某柱、梁某、倪某虽系在被告人王某勇的指使下离开，但三被告人的先行行为均成为被害人落水及不敢上岸、进而溺水身亡的因素之一，且三被告人此后对被害人可能出现的危险无任何作为并逃离现场，系出于与被告人俞某锋、王某勇共同概括的故意，放任了危害后果的发生，其行为与后果之间具有刑法上的因果关系，亦系间接故意杀人的行为。故而一审法院认为，各被告人之行为均构成故意杀人罪，并判处：

一、被告人俞某锋有期徒刑十年，剥夺政治权利两年；

二、判处被告人王某勇有期徒刑十一年六个月，剥夺政治权利二年；

三、判处被告人张某柱有期徒刑三年六个月，与其所犯非法拘禁罪合并量刑，决定执行有期徒刑四年；

四、判处被告人梁某有期徒刑三年；判处被告人倪某有期徒刑三年。

浙江省绍兴市中级人民法院同意一审法院裁判意见。

【法官后语】

本案中，主要争议焦点有三个：一是被害人自身是否具有过错；二是被告人俞某锋、王某勇的行为是构成过失致人死亡罪还是间接故意杀人罪；三是被告人倪某、张某柱、梁某三人的行为如何定性。

一、关于被害人自身是否具有过错问题

被害人为躲避殴打，在慌不择路的情况下，选择自认为最有利的路线，属于人之常情。在被害人跳入水中后，仍有被告人留在岸边，是导致被害人不敢上岸的重要原因，因此，不能以此认定被害人存在过错。

二、俞某锋、王某勇的行为构成过失致人死亡罪还是间接故意杀人罪

1. 被告人俞某锋等五人的行为导致被害人处于危险状态之中。各被告人因逞强好胜的目的对被害人实施暴力威胁和殴打行为，在被害人逃跑后仍继续紧逼追逐，被害人因害怕选择跳入水库自救，水库地势复杂，即使被害人会游泳，仍存在不可预测的危险，五被告人的行为与被害人处于危险状态具有直接的因果关系。

2. 被告人俞某锋等五人负有防止结果发生的作为义务。各被告人因先行行为，导致被害人处于危险的紧急状态之中，在被害人跳水后，各被告人理应积极阻却危害结果的发生，然而各被告人不但没有积极履职其救助义务，被告人俞某锋、王某勇反而使用“你有本事给我上来”等之类威胁、恐吓性的言语，使得被害人在心理上产生恐慌，致使被害人迟迟不敢上岸。

3. 各被告人具有对危害结果发生的可能性认识。在被害人跳入水库时，各被告人均在场，即使白天正常在水库中游泳都具有很高的危险性，更何况在深夜遭到追打跳水后处于被人压制威胁的状态，危险性可想而知。对各被告人的认识状态亦可以从以下两方面分析，一方面，从第三人吕某峰的证言中可以看出其对危害结果发生的预见，而各被告人不存在认识上的障碍，第三人的认识状态可以间接说明各被告人对危害结果的发生也是具有预见可能性的。另一方面，从各被告人的行为中可以看出，被告人俞某锋、王某勇怕人多导致被害人不敢上岸，于是叫其余三被告人先回去，以及在感受到被害人有危险时去寻找救生器材等行为也足以说明行为人已经预见到被害人处于危险之中。

4. 各被告人具有危害结果回避的可能性。根据证人证言证实，当晚周围有多人在钓鱼，即使各被告人不懂水性，也完全可以好言相劝被害人上岸、呼救周围人帮忙、寻找救生工具等方式，对被害人采取救助，避免危害结果的发生。在被害人跳入水中到被告人从大坝上走出，时长约达4分钟，在这4分钟的过程中，被告人没有一次采取积极措施去阻却危害结果的发生。

5. 被告人俞某锋、王某勇对被害人的死亡具有放任的心态。被告人俞某锋、王某勇与被害人对骂之后，因感受到被害人有危险而走离大坝去找救生器材，但被告人俞某锋找、拿、放救生圈的动作迟缓，被告人王某勇在一旁也无所作为，既不拿救生圈去尝试、不进一步采取施救措施，也不观察被害人的状况或是向他人呼救，而是在第三人赶至后仍在大坝旁坐了约2分钟后才再次走回大坝，而该时段是施救被害人的黄金时段。可以看出，被告人对被害人溺水后果持放任态度。

6. 各被告人的不及时救助与被害人死亡结果具有刑法上的因果关系。在案鉴定报告证实，被害人死亡的直接原因系溺水死亡。俞某锋、王某勇等人的殴打、追赶行为导致其跳水，跳水后俞某锋等人未及时救助导致其溺水死亡。

因此，被告人俞某锋、王某勇在主观上根本不考虑是否可以避免结果的发生，对被害人的安危采取放任的态度，在客观上不采用积极的行动阻却危害结果的发生，属于负有先行行为导致的特定义务且能够作为而不作为，应是不作为的间接故意杀人罪而非过失致人死亡罪。

三、关于被告人倪某、张某柱、梁某三人行为的定性问题

一方面，三被告人参与了奠定作为义务的先行行为，具有防止危害结果发生的义务，虽然是中途离开现场，但在其等离开前被害人已跳入水中，三被告人理应承担救助义务。另一方面，三被告人对被害人可能出现的危险无任何作为并逃离现场，系出于与被告人俞某锋、王某勇共同概括的故意，放任了危害后果的发生，其行为与后果之间具有刑法上的因果关系，根据《最高人民法院、最高人民检察院关于办理寻衅滋事刑事案件适用法律若干问题的解释》第七条的规定，实施寻衅滋事行为，同时符合寻衅滋事罪和故意杀人罪、故意伤害罪、故意毁坏财物罪、敲诈勒索罪、抢夺罪、抢劫罪等罪的构成要件的，依照处罚较重的犯罪定罪处罚。因此，被告人倪某、张某柱、梁某亦构成间接故意杀人罪，而非过失致人死亡罪，更不应认定为寻衅滋事罪。

综上，五被告人随意殴打、追逐、辱骂、恐吓他人的寻衅滋事行为造成了被害人落入水库，在明知被害人处于或即将处于危险之中，本应积极施救但未实质性施救，放任了造成他人死亡的后果，其行为均构成故意杀人罪。

编写人：浙江省嵊州市人民法院　汪丽娜　沈银烽

3

故意杀人罪中主观故意的认定

——严某某故意杀人案

【案件基本信息】

1. 裁判书字号

广西壮族自治区梧州市中级人民法院（2020）桂04 刑终178 号刑事裁定书

2. 案由：故意杀人罪

【基本案情】

2020 年 3 月 1 日 9 时至 10 时许，被告人严某某与被害人卢某某因感情纠纷而心生怨恨，遂从家中出发步行至卢某某的家。严某某通过砸碎卢某某家的窗户玻璃而进入屋内，将卢某某按倒在地并用双手掐住卢某某的颈部意图杀害卢某某，后因卢某某挣扎和呼喊求助，他人到场制止而未能得逞。卢某某逃至屋外后，严某某又捡起地上的柴刀继续追杀卢某某至某小卖部处。严某某手持柴刀与卢某某在小卖部处短暂对峙后，就被随后赶到的数名村民夺刀并拉开，之后严某某就蹲坐在小卖部门口处，不久后公安机关到场处理。

【案件焦点】

被告人是否具有杀人的主观故意。

【法院裁判要旨】

广西壮族自治区梧州市龙圩区人民法院经审理认为：对被告人严某某及辩护人提出被告人没有杀被害人卢某某的主观故意，不构成故意杀人罪的意见。经查，被告人采取掐脖、持柴刀追砍的手段，均反映出其存在故意杀人意图剥夺被害人生命的主观心态，该事实的认定有多名证人的证言以及被害人卢某某的陈述，与鉴定意见、现场勘验笔录、辨认笔录、指认照片等证据相互印证，形成完整的证据链。此外，被告人起意杀害被害人具有一定临时性，为激情犯罪，在案发时采取何种手段剥夺他人性命不影响其犯罪行为的定性。

广西壮族自治区梧州市龙圩区人民法院依照《中华人民共和国刑法》第二百三十二条、第二十三条、第十七条第一款、第三款，作出如下判决：

被告人严某某犯故意杀人罪，判处有期徒刑四年。

严某某不服一审判决提起上诉。广西壮族自治区梧州市中级人民法院经审理认为：原审认定事实清楚，证据确实、充分，定性准确，适用法律正确，审判程序合法，量刑适当，依法予以维持。广西壮族自治区梧州市中级人民法院依照《中华人民共和国刑事诉讼法》第二百三十六条第一款第一项之规定，裁定：

驳回上诉，维持原判。

【法官后语】

判断被告人的主观故意不能单凭口供，而应在结合案发原因、行为发展过程、犯罪工具、行凶手段、行凶情节、作案时间、地点、环境、被告人与被害人的平时关系等因素，着重考虑被告人的打击部位、打击强度，进行综合分析判断。本案的被告人辩称其构成寻衅滋事，而非故意杀人，但法院经审查认为：首先，从主观故意及犯罪动机分析，被告人与被害人相识已久，因感情纠纷而产生矛盾，有杀人动机，与寻衅滋事的动机寻求精神刺激、逞强好胜有明显区别；且在其到案时及待冷静后的公安机关对其数次讯问中，其均明确表示实施犯罪行为目的是杀死被害人。因此，无论其是追求被害人死亡的结果还是放任死亡后果的发生，均能确认其具有杀人的主观故意。其次，从客观手段分析，被告人采取掐脖、持柴刀追砍的手段，并在被他人制止后继续捡起柴刀追杀被害人，上述行为反映其追求被害人死亡且积极付诸行动。最后，寻衅滋事与故意杀人侵害的客体有所区别，寻衅滋事侵害的客体相对复杂，包括社会公共秩序、他人的人身健康权，且以侵害社会公共秩序为主要特征，因此寻衅滋事囊括了多种破坏社会秩序的行为手段；而故意杀人侵害的客体则为单一客体，仅针对他人的人身健康权。本案中，被告人主要针对被害人实施犯罪，对被害人人身健康权侵害的目的及对象均很明确。综上，本案应定性为故意杀人罪。

编写人：广西壮族自治区梧州市龙圩区人民法院　张家宇

4

对主观心态的辩解是否影响成立自首

——李某新故意杀人案

【案件基本信息】

1. 裁判书字号

北京市高级人民法院（2020）京刑终53号刑事裁定书

2. 案由：故意杀人罪

【基本案情】

被告人李某新与被害人吕某某均系同村村民，案发前双方并无矛盾。2019年6月1日19时许，被告人李某新酒后因经济纠纷与他人发生口角，驾驶机动车行至村牌楼时，将由此经过的被害人吕某某撞倒后，驾车再次对吕某某进行碾压。被害人吕某某被送到医院后，因颅脑损伤合并创伤失血性休克经抢救无效死亡。经鉴定，被告人李某新血液中酒精含量为178.2mg/100ml。2019年6月2日7时许，被告人李某新向公安机关投案。

【案件焦点】

被告人自动投案后对主观心态提出辩解是否影响如实供述，进而影响成立自首。

【法院裁判要旨】

北京市第二中级人民法院经审理认为：被告人李某新故意非法剥夺他人生命，致人死亡，其行为已构成故意杀人罪，依法应予惩处。鉴于被告人李某新犯罪后自动投案，当庭能够认罪，积极赔偿被害人亲属的经济损失并取得谅解等情节，依法对其从轻处罚。辩护人所提李某新自动投案、系初犯等辩护意见，经查属实，予以采纳；所提李某新具有自首情节的辩护意见，经查，成立自首需具备自动投案和如实供述自己的罪行两个法定要件，李某新在司法机关掌握其主要犯罪事实之前未如实供述；所提李某新案发前大量饮酒，受酒精控制做出冲动行为，属于激情犯罪，主观恶性相对较小的辩护意见，经查，醉酒的人犯罪，依法应当负刑事责任，激情犯罪亦并非法定从轻处罚的理由，且本案存在二次碾压的行为，吕某某全身多部位受损严重，足见李某新犯罪时的主观恶性大；所提本案起因系经济纠纷引起的民间矛盾的辩护意见，与李某新杀害吕某某并无关联性，上述辩护意见均不能成立，不予采纳。

北京市第二中级人民法院依照《中华人民共和国刑法》第二百三十二条、第五十六条第一款、第五十七条第一款、第六十一条、第六十四条之规定，作出如下判决：

一、被告人李某新犯故意杀人罪，判处无期徒刑，剥夺政治权利终身；

二、未随案移送的别克牌小型轿车一辆，由扣押机关依法处理。

李某新以事实不清、量刑过重、对罪名有异议为由提起上诉。北京市高级人民法院经审理认为：李某新酒后驾车故意非法剥夺他人生命，致人死亡，其行为已构成故意杀人罪，依法应予惩处。鉴于李某新犯罪后自动投案，能够认罪，积极赔偿被害人亲属的经济损失并取得谅解等情节，依法对其从轻处罚。对于辩护人所提未认定自首情节的辩护意见，经查，成立自首需具备自动投案和如实供述自己的罪行两个法定要件，本案中，到案经过等在案证据可以证实李某新在案发后第二天即向公安机关自动投案；案发现场录像、鉴定意见等在案证据可以证实李某新酒后驾车两次撞击被害人吕某某，且造成吕某某死亡的严重后果，而李某新却未能在司法机关掌握主要犯罪事实之前予以如实供述。

综上所述，李某新的行为不符合成立自首的条件，故对辩护人的辩护意见，不予采纳。对于李某新所提事实不清、量刑过重、对罪名有异议的辩解，经查，在案证据可以充分证实李某新驾车两次撞击并碾压吕某某，造成吕某某死亡的严重后果；其犯罪后自动投案，能够认罪，积极赔偿被害人亲属的经济损失并取得谅解等情节，在一审量刑时已予以充分考虑，故李某新的上述辩解，理由不充分，不予采纳。

北京市高级人民法院依照《中华人民共和国刑事诉讼法》第二百三十六条第一款第一项的规定，裁定：

驳回上诉，维持原判。

【法官后语】

被告人李某新酒后驾车两次冲撞、碾压吕某某，致吕某某死亡的事实清楚、证据确实充分，其行为已构成故意杀人罪。本案的争议焦点在于被告人自动投案后对主观心态提出辩解是否影响如实供述，进而影响成立自首。

一般自首的成立包括两个要件：一是自动投案；二是如实供述自己的罪行。本案中，李某新于作案次日即主动向公安机关投案，自动投案不存在争议。其到案后虽然始终承认人是其撞的客观事实，但对于主观方面却归责于大量饮酒，从而呈现出三种辩解：其一是喝多了不记得撞人的过程；其二是酒劲上来后车辆失控了；其三是想撞乔某某，但把吕某2当成乔某某了。前两种辩解未承认故意撞人及撞错人，否认其存在杀人的主观故意。第三种辩解是当庭作出，而且是在证据已足够显示其系故意撞人的情况下才供述，价值较小，系先证后供，不能认定如实供述了主要犯罪事实。

1. 如实供述要求对主客观犯罪事实的全面供述

如实供述自己的罪行，是指如实交代主要或基本的犯罪构成事实。[①] 犯罪构成事实是主客观相结合的事实，包括犯罪主体、主观方面、客体及客观方面的事实。如果将犯罪构成事实仅限缩于客观事实之内，将会扩大自首的认定范

① 何承斌：《自首应如实供述主观心态》，载《中国审判》2008年第11期。

围，无法有效起到鼓励被告人悔过自新、提高司法效率的作用，自首制度的立法本意也将随之丧失。犯罪的主观心态属于犯罪主观方面的事实，对于认定被告人犯罪事实起着至关重要的作用，理应属于主要犯罪事实。因此，如实供述犯罪时的主观心态是自首成立的应有之义。

关于如何认定被告人对主观心态的供述是否属实？笔者认为，应坚持主客观相一致原则，即以行为人对主观心态的辩解是否改变或者否定依照在案证据认定的案件事实为标准。若辩解具有合理根据能够成立，或不能被在案证据排除，就属于没有改变或者否定案件事实，不影响如实供述的成立；反之，则属于未如实供述。结合本案而言，被告人李某新在侦查阶段始终否认存在杀人的故意，辩称因饮酒而不记得撞人的过程或者车辆失控而撞人，虽然在案有证据证明其案发前曾大量饮酒，但综合考虑全案证据，其客观上实施了“驾车－撞人－倒车－撞人－停车－下车查看情况－下跪”等一系列动作，可见对自己的行为有一定程度的控制能力，不属于因醉酒导致辨认、控制能力大幅下降的情况，其主观上具有至少是放任被害人吕某某死亡的故意。被告人李某新对主观心态的辩解已经达到了否定案件事实的程度，属于未如实供述自己的主要犯罪事实，不能成立自首。

2. 对主观心态的辩解不属于对行为性质的辩解

对主观心态的辩解与对行为性质的辩解分属两个不同范畴，不能将二者混为一谈。根据《最高人民法院关于被告人对行为性质的辩解是否影响自首成立问题的批复》的规定，犯罪以后自动投案，如实供述自己罪行的，是自首。被告人对行为性质的辩解不影响自首的成立。此处“对行为性质的辩解”指的是被告人在如实供述主要犯罪事实的基础上，对于自己行为的罪与非罪、此罪与彼罪、罪轻与罪重等问题的辩解，属于法律层面的评价；而对主观心态的辩解，是指被告人对自己实施犯罪行为时的主观心态，即故意或过失进行辩解，其依然属于犯罪构成事实层面的要件，是判断其是否成立如实供述的重要标准之一。本案中，被告人李某新将驾车撞人的行为归责于大量饮酒，有将故意推脱为过失之嫌，属于对主观心态的辩解，是对犯罪构成事实的判断，不应成立自首。

综上，李某新于案发次日主动投案、当庭认罪态度好的情节可以在量刑时酌予考虑，但其到案后未如实供述主要犯罪事实，不能成立自首。

编写人：北京市第二中级人民法院 李凯 王蕊

5

故意杀人与故意伤害的区分定罪

——覃某勇故意杀人案

【案件基本信息】

1. 裁判书字号

广西壮族自治区河池市中级人民法院（2020）12刑终133号刑事判决书

2. 案由：故意杀人罪

【基本案情】

2019年3月16日18时许，原审被告人覃某勇在覃某某家吃饭，其间与一同吃饭的覃某林发生口角，并被覃某林殴打。覃某勇心生怨恨，为报仇于当日20时许从家中拿了一瓶用饮料瓶子装的汽油到同村覃某林家，将汽油倒在覃某林家大门上要纵火烧死在家中的覃某林。这时，班某某及覃某林的妻子即被害人任某某见状便上前劝阻。覃某勇不予理睬，将汽油泼在任某某身上，并用打火机点燃地上的汽油，覃某勇欲将汽油瓶丢进覃某林家中客厅，但汽油瓶被丢到了门口。因覃某勇点火后引发起火点火势瞬间蔓延，导致覃某林家门口春联和进门位置及任某某身上起火，任某某一边哭喊一边脱身上被点燃的衣物，班某某见状也去帮任某某，但因火势太大及其孙在旁大哭便离开。同时，覃某林听到妻子任某某惨叫和双方冲突声后，持长柄柴刀冲出追打覃某勇。覃某勇见状就拉任某某来挡，并拖拽着任某某往其家方向走，走到岔路口斜坡处时，覃某勇和任某某摔倒在地。覃某林见状上前砍了覃某勇手臂一下，覃某勇放手后爬起来就跑回家了，任某某在地上翻滚将身上的火扑灭，后被送往医院救治。经南丹县公安局物证鉴定室鉴定，任某某所受损伤程度综合评定为重伤二级。

【案件焦点】

被告人的犯罪行为构成故意伤害罪还是故意杀人罪。

【法院裁判要旨】

广西壮族自治区河池市南丹县人民法院经审理认为：被告人覃某勇主观上有伤害他人身体健康的故意，客观上实施了纵火烧伤他人的行为，致一人重伤二级，根据《中华人民共和国刑法》第二百三十四条第二款之规定，其行为构成故意伤害罪。关于公诉机关对被告人覃某勇犯故意杀人罪的指控，从查明的事实分析，公诉机关指控被告人覃某勇剥夺被害人生命的主观故意方面证据不充分。首先，从犯罪对象看，在案有被告人在侦查阶段多次供述其纵火是为了杀死覃某林，而不是覃某林的妻子任某某。其次，结合被告人实施侵害的行为和手段以及被害人伤情及证人班某某的证言判断，被告人覃某勇并没有积极努力地追求被害人任某某死亡的结果，而是对被害人的伤亡后果持放任的态度，其行为符合故意伤害罪的犯罪特征，应以故意伤害罪论处。故认为被告人覃某勇的行为不符合故意杀人的构成要件，不构成故意杀人罪。

广西壮族自治区河池市南丹县人民法院依照《中华人民共和国刑法》第二百三十四条第二款、第四十五条、第四十七条、第六十一条，《中华人民共和国刑事诉讼法》第一百零一条第一款之规定，判决如下：

一、被告人覃某勇犯故意伤害罪，判处有期徒刑三年八个月；

二、判令被告人覃某勇于本判决生效之日起十五日内赔偿附带民事诉讼原告人任某某的直接经济损失 75525.33 元；

三、驳回附带民事诉讼原告人任某某的其他诉讼请求。

判决后，广西壮族自治区南丹县人民检察院提出抗诉：（1）现有证据足以认定覃某勇主观上有杀人的故意，其行为已构成故意杀人罪，一审判决认为认定覃某勇具有杀人故意证据不充分，认定事实和采信证据确有错误。（2）一审判决认定事实错误，导致适用法律错误，量刑不当。

广西壮族自治区河池市中级人民法院经审理认为：覃某勇因被覃某林殴打后不服，想要烧死覃某林，其便拿了汽油到覃某林家，未发现覃某林便将汽油泼在覃某林家客厅及门口，在覃某林妻子即任某某以及证人班某某出面劝阻后，又将汽油泼到任某某的身上。覃某勇点燃地面的汽油后，导致任某某身上起火，覃某勇还将装汽油的瓶子扔向覃某林家客厅，但仅丢到了门口，导致覃某林家门口的对联、进门位置起火。当班某某帮任某某脱衣物、覃某林持柴刀出来时，覃某勇靠近任某某并拖拽任某某往其家方向走了约十米远，用以阻挡覃某林的施救行为，直到覃某勇和任某某摔倒在地后，覃某林趁机砍了覃某勇手臂才迫使覃某勇逃离现场。综观覃某勇的主观念头及所实施的具体行为，可以认定其主观上具有杀死覃某林的直接故意，客观上实施了到覃某林家泼倒汽油并点燃汽油的行为，其不顾劝阻人任某某的安危，在任某某脱裤子自救时还利用她来隔挡覃某林的追打，并拖拽约十米远，导致任某某未能及时脱下着火的裤子，置任某某生死不顾。因此，本案应定性为故意杀人罪，一审判决定性错误。

广西壮族自治区河池市中级人民法院依照《中华人民共和国刑法》第二百三十二条、第二十三条、第四十五条、第四十七条、第六十一条、第六十二条，《中华人民共和国刑事诉讼法》第二百三十六条第一款第一项、第二项之规定，判决如下：

一、撤销广西壮族自治区南丹县人民法院刑事附带民事判决书第一项，即被告人覃某勇犯故意伤害罪，判处有期徒刑三年八个月；

二、原审被告人覃某勇犯故意杀人罪，判处有期徒刑十三年。

【法官后语】

本案一审法院认定为故意伤害罪，二审法院认定为故意杀人罪，处理重点主要在于故意伤害罪和故意故意杀人罪的区别，即行为人对被害人的权益的主观态度判断。故意伤害罪侵害的客体是他人的健康，对他人人体组织器官机能或身体完整性的破坏，使其健康受到损害，没有剥夺他人生命的目的，而故意杀人罪所侵害的客体是他人的生命权。

具体到本案中，从犯罪客体方面分析，被告人的犯罪行为已侵害刑法所保护的法益，该点容易判断，但侵犯的是健康权益还是生命权，需要结合其他方面加以判断。

从犯罪主观方面分析，被告人实施犯罪行为是为了追求被害人丈夫死亡，对被害人的死亡虽没有直接希望结果的发生，但也没有阻止结果的发生，对被害人的死亡持放任态度。

从犯罪客观方面分析，被告人已实施往被害人身上泼汽油、点火、拖拽的一系列行为。首先，往被害人身上泼汽油并点燃的行为，既可能导致被害人身体健康受损，也可能剥夺被害人生命权。一方面，被告人所泼洒的为汽油，常识可判断，汽油为极易燃物品，汽油被点燃后燃烧的速度极快，波及的面积极大；另一方面，从被告人的携带汽油的量来看，被告人用一饮料瓶子装汽油，该饮料瓶容积为2升左右，如2升汽油泼洒在被害人身上必定会造成不可估量的后果。其次，拖拽行为的判断，拖拽行为是认定本案故意伤害和故意杀人的关键，被告人点燃汽油后，被害人家属在施救过程中，被告人对被害人实施拖拽十多米远，以阻挡他人的施救，直至被告人被砍伤后才被迫逃离现场，由此便可反观被告人对被害人生命权的主观态度，即放任被害人的生死，在一定程度上追求被害人的死亡。最后，从造成的后果来看，被害人受伤达重伤二级，已达追诉标准，且结果较为严重。

故意伤害和故意杀人在具体实践中交织在一起，难以有明确的界限区分，有的表现为有伤害的故意而杀人，有的则表现为杀人的故意而实施伤害行为。因此，需要以行为人的心理动态和实施的犯罪行为综合加以分析判断，不宜单独割裂开来。如可以按照事件发展的顺利来分析，在实施犯罪行为前，其犯罪产生的诱因、动机源自何处，如何为犯罪做准备；在实施犯罪行为时的状态，实施犯罪行为的心理状态，犯罪行为的连续性、持续性及不同行为之间的衔接、变化等；结果的发生状态，行为与结果发生的关联性，结果与追求的差异等。

编写人：广西壮族自治区河池市南丹县人民法院　肖图健

（二）过失致人死亡罪

6

过失致人死亡中注意义务之评判

——任某过失致人死亡案

【案件基本信息】

1. 裁判书字号

天津市第一中级人民法院（2020）津01刑终471号刑事裁定书

2. 案由：过失致人死亡罪

【基本案情】

2018年10月16日16时许，被告人任某驾驶牌照号为津MZQXXX的红色马自达牌小型轿车，行驶至某大厦地下停车场入口通道时，与躺卧此处的被害人张某发生碰撞，并致其死亡。经司法鉴定，津MZQXXX号小型轿车前保险杠左侧下沿及车体底部与被害人张某身体接触；小型轿车与被害人张某身体发生碰撞接触时，被害人张某处于躺、卧状态；小型轿车碰撞前的行驶速度介于11km/h～14km/h。经法医鉴定，被害人张某系被机动车碾压致创伤性休克死亡。经被告人任某报警，民警到达案发现场将其带至公安机关。肇事车辆已被依法扣押。

【案件焦点】

1. 任某在案发时是否足以预见到案件后果；2. 是否对被害人死亡结果承担

刑事责任。

【法院裁判要旨】

天津市和平区人民法院经审理认为：公诉机关指控被告人构成过失致人死亡罪，即认定被告人具有疏忽大意的过失。疏忽大意的过失是行为人对行为发生危害结果的可能性能够预见、应当预见，只是由于其疏忽大意的心理而导致了未能实际预见。本案中，被害人躺卧在地下车库入口的通道内，该地下车库入口通道供机动车单向下行，且仅供银行内部员工使用。按一般常识分析，驾驶人员无法预见仅供单位内部使用的地下车库车行道会有躺卧的行人，且根据案发现场地形位置，车辆下坡进行过程中驾驶人员会有一定的视线盲区，根据一般人的认知能力和当时的情况，行为人对损害结果的发生不应当预见，因此对于本案的危害结果不能苛责于被告人。被告人对于本案损害结果的发生不具有能够预见的条件和能力，损害结果的发生完全出乎被告人的意料之外，因此本案属于意外事件，被告人不应当负刑事责任，即被告人不构成过失致人死亡罪。

虽被告人对被害人死亡的结果不具有犯罪的主观方面罪过，但其驾驶车辆的行为造成张某死亡的后果，其行为与损害结果之间具有因果关系，符合民事侵权行为的构成要件，应承担民事赔偿责任。对附带民事诉讼原告人提供的证据法院予以确认。

法院认为，被告人任某在地下车库入口通道内驾驶机动车与躺、卧状态的被害人接触，造成被害人死亡的结果，并不是出于被告人故意或者过失，根据一般常识和现场情况，被告人无法预见也不应当预见该通道内有躺卧的行人，因此被告人的行为不构成犯罪。公诉机关的指控不能成立。辩护人的辩护意见本院予以采纳。

关于民事赔偿部分，综合全案情况，法院认为被告人任某应当承担 60% 的民事赔偿责任，被害人张某本人应负 30% 的责任，物业公司应当承担 10% 的赔偿责任。被告人任某自愿另行赔偿二附带民事诉讼原告人共计 300000 元，本院予以照准。

依照《中华人民共和国刑事诉讼法》第二百条第二项之规定，判决如下：

一、被告人任某无罪；

二、本判决生效后十日内，附带民事诉讼被告某保险公司天津市分公司一次性赔偿附带民事诉讼原告人张某彩、李某玲各项经济损失共计 982749.60 元；

三、本判决生效后十日内，附带民事诉讼被告某生公司天津分公司一次性赔偿附带民事诉讼原告人张某彩、李某玲各项经济损失共计 163791.60 元；

四、被告人任某自愿赔偿在案的 300000 元，依法发还附带民事诉讼原告人张某彩、李某玲；

五、驳回附带民事诉讼原告人其他诉讼请求。

公诉机关不服一审判决，提出上诉。

天津市第一中级人民法院经审理认为：

1. 关于原审被告人任某在案发时是否足以预见到案件后果以及是否对被害人死亡结果承担刑事责任。（1）被害人张某无故躺卧在某银行专用地下车库通道内，在客观上超出了社会一般成员的预见范围。首先，从原审被告人的角度来看：本案中，事故发生地系仅供银行内部员工使用的地下车库入口通道，该通道系下坡且为机动车单向行驶，原审被告人任某在驾车进入车库时，并无明显违反道路交通安全法规的相关表现。虽然监控录像显示，涉案车库确有个别人员曾步行出入通道，但上述行为本身即违反了相关交通法规，不宜苛求驾驶人员对此做到提前预判或赋予过高的注意义务。其次，从被害人张某的角度来看：本案中，证人李某玲、张某云的证言证实，被害人张某生前身体健康，无突发性疾病；司法鉴定意见书证明，张某案发前无醉酒、吸毒等情形；车库外的监控录像显示，张某步行进入车库时无异常情况。案发当日，银行负责催收贷款的工作人员曾与被害人通过电话，但双方并未预约到民生银行洽谈业务。根据《中华人民共和国道路交通安全法实施条例》第七十四条之规定，行人不得在车行道内坐卧、停留、嬉闹。案发现场地下车库内的指示牌亦规定“禁止行人出入车库”。虽然目前尚不能查明张某进入地下车库并在通道内躺卧的具体动机，但其未经允许进入某银行地下车库，并违反了交通法规在车道内躺卧，客观上应对本次事故负有一定责任。

2. 侦查实验是在较为理想的预设条件下作出，客观上对原审被告人的预见能力存在估计不足的可能。据公安机关于2020年4月24日所作侦查实验认定，案发时原审被告人可以看到人体模特小腿以下部分，但该结论是以被害人呈平躺状态为前提进行判定，而目前尚不能查明被害人实际躺卧的具体姿势。此外，参加侦查实验的侦查人员已经提前预知车辆前方有障碍物，客观上会更为聚焦和关注车辆前方地面，故从侦查实验的角度难以客观地还原案件真实情况。

3. 案发地点环境具有一定特殊性，客观上降低了原审被告人的预见条件和预见能力。地下车库是较为特殊的驾驶区域，车库入口复杂、车辆行进过程中光线较差，案发时的客观环境和实际状况在一定程度上限制和降低了车辆驾驶员的注意能力。现场照片显示，涉案车库出于防止雨水倒灌的需要将入口处垫高，车辆在通过坡道顶部时由于车头轻微上扬，致使驾驶员驾车进入地库时视线存在一定盲区。此外，根据现场勘验笔录、现场方位示意图等证据，涉案地下车库的入口两侧宽度相对于通道较窄，且车辆从路面进入地下车库时需拐急弯进入，正常情况下车辆驾驶人进入地下车库时除注意车辆前方外，还需关注入口两侧以防止车辆出现剐蹭，在客观上导致了驾驶人员进入车库的瞬间难以及时发现或看清车辆前方是否有障碍物。此外，涉案地下车库虽设置了限速5km/h的标识牌，但摆放于地下车库下坡后的通道内，而不是在车库入口。公安部交通管理局《城市道路交通标志标线设置指南》规定，“限制速度标志应设置在需要限制车辆行驶速度路段的起点”，故上述标识牌能否适用于车库入口处尚存在一定争议。

4. 本案发生在公共道路以外的单位内部地下车库，因而交管部门未出具道路交通事故责任认定书，但鉴于本案客观上系机动车驾驶过程中发生的交通事故，与交通肇事罪的罪状、责任及主、客观方面较为类似，故在认定原审被告人是否构成过失致人死亡罪时，应参照交通肇事罪的认定方式和适用精神。根据相关法律和司法解释的规定，车辆驾驶人在行车过程中致一人死亡的，且负事故全部责任或主要责任的，构成交通肇事罪。根据相关规定，车辆驾驶人在驾车过程中应当尽到相应的安全驾驶义务，但不宜苛求超出社会一般成员的预见范围和预见能力。本案中，考虑到被害人违反交通法规躺卧在车库通道的实际情况，客观上对案件结果负有一定责任，应相应地减轻原审被告人对案件结果承担的责任比例，不宜认定原审被告人承担本次事故的全部或主要责任，即参照上述交通肇事罪的入罪标准，依法认定原审被告人不构成过失致人死亡罪。

5. 关于抗诉机关提出的原审法院存在程序违法的问题。经查，本案一审庭审期间合议庭平等对待诉讼各方，充分保障诉讼参与人的各项诉讼权利，合理分配控辩双方发问时间，并已经充分听取了辩护人、诉讼代理人的辩护意见和代理意见。本案一审庭审期间，人民陪审员对诉讼代理人的发问方式予以适当提醒，属于合议庭引导庭审的正常范畴，符合相关法定程序。诉讼代理人以人民陪审员侵犯其诉讼权利及发表不当言论为由，向原审法院申请人民陪审员回避，并无事实和法律依据，原审法院据此未同意其申请，并未违反法律规定。

法院认为，从现有证据来看原审被告人任某在驾车进入地下车库时，难以预见到有人躺卧在车辆前方，不宜苛求原审被告人超出社会一般成员的预见范围和预见能力。原审判决认定事实清楚，审判程序合法。天津市和平区人民检察院抗诉理由、天津市人民检察院第一分院支持抗诉意见及诉讼代理人所提代理意见，依据不足，不予采纳；辩护人所提原审被告人的行为不构成过失致人死亡罪的辩护意见，予以采纳。

天津市第一中级人民法院依照《中华人民共和国刑事诉讼法》第二百三十六条第一款第一项之规定，裁定如下：

驳回抗诉，维持原判。

【法官后语】

本案系发生在公共道路以外的单位内部地下车库驾车致人死亡案件，案件的争议焦点是本案构成过失致人死亡罪还是属于意外事件。

笔者认为，疏忽大意的过失致人死亡与意外事件的致人死亡的区别在于：根据行为人的认识水平、行为本身的性质和当时的客观情况，行为人对其行为导致他人死亡结果的可能性能够预见、应当预见，只是由于疏忽大意的心理导致了未能实际预见，因而发生他人死亡的后果，构成疏忽大意的过失致人死亡罪。如果行为人对他人死亡的结果的发生不可能预见，也不应当预见而没有预见，但最后发生了他人死亡的后果的情形则属于意外事件。司法实践中，应当根据上述原则认真结合行为人是否能够预见、是否应当预见、最后没有预见的原因等因素综合考察，从而才能得出行为人是否构成犯罪的结论。而对于认定行为人在主观上是否具有预见能力，则需要根据客观情况加以判断，将行为人的认知水平与行为本身的危险程度以及行为时的客观环境相结合判断其能否预见。①

据此，本案被告人依法不构成过失致人死亡罪，具体理由如下：

其一，关于被告人在案发时是否具有预见可能性的问题。被害人无故躺卧在单位内部专用地下车库通道内，客观上超出了社会一般成员的预见范围。且根据《中华人民共和国道路交通安全法实施条例》第七十四条之规定，行人不得在车行道内坐卧、停留、嬉闹。案发现场地下车库内的指示牌亦规定“禁止行人出入车库”。被害人未经允许进入某银行地下车库，在车道内躺卧已违反了交通法规，“法律不强人所难”，不能苛求被告人对违章行为有明确预判，否则将大大降低违章成本而提高守法成本。加之案发地点环境具有一定特殊性，地下车库是较为特殊的驾驶区域，车库入口复杂、车辆行进过程中光线较差、盲区较多，案发时的客观环境和实际状况在一定程度上限制和降低了车辆驾驶员的注意能力。因此，从现有证据看，被告人在驾车进入地下车库时，难以预见到有人躺卧在车辆前方，不宜苛求原审被告人超出社会一般成员的预见范围和预见能力。

其二，本案虽发生在公共道路以外的单位内部地下车库，但鉴于抗诉机关认定任某在本案中存在过失主要基于相关道路交通规章制度，且本案客观上系机动车驾驶过程中发生的交通事故，与交通肇事罪的罪状、责任及主、客观方面较为类似，故在认定任某是否构成过失致人死亡罪时，应当参照交通肇事罪

---

① 张明楷:《刑法学》，法律出版社2016年版，第288~289页。

的认定方式。发生交通事故后，公安机关交通管理部门会根据当事人的行为对发生交通事故所起的作用和过错的严重程度，确定当事人的交通事故责任（主要分为全部责任、主要责任、同等责任、次要责任、无责任）。其中，车辆驾驶人在行车过程中致一人死亡的，且负事故全部责任或主要责任的，构成交通肇事罪。本案中，尽管交管部门未出具道路交通事故责任认定书，但考虑到被害人违反交通法规躺卧在车库通道的实际情况，在客观上对案件结果负有一定责任，应相应地减轻原审被告人对案件结果承担的责任比例，不宜认定原审被告人承担本次事故的全部或主要责任，即参照上述交通肇事罪的入罪标准，依法认定原审被告人不构成过失致人死亡罪。抗诉机关所提原审被告人在本案中未尽审慎观察义务，虽未充分举证证明，但客观上尚不能完全排除任某确有未尽到合理注意义务的可能性。但需要指出的是，未尽注意义务并不必然构成过失致人死亡罪，只有当未尽注意义务所产生的过失达到一定比例，已经超过了普通民事过错的程度，足以从刑法意义上予以苛责时，才应当作为犯罪处理。特别是随着现代社会科技发展和交通工具的普及，人类社会已经进入风险社会的时代。因而在涉及罪与非罪的认定时，应当保持刑法的谦抑性。

综上，在区分意外事件与疏忽大意的过失犯罪时，关键在于判断行为人在当时能否预见结果的发生。对此，应当在案发时特定的时空条件下，结合行为本身的危险程度、行为的客观环境、行为人的认知水平等进行综合评判。不宜仅因发生了危害后果，就将危害后果与行为之间建立必然甚至是唯一的因果关系，更不能仅凭结果严重就推定行为人能够预见危害后果的发生，或对行为人的预见能力人为设定甚至增加不必要的义务和要求。

编写人：天津市第一中级人民法院　张文波

7

如何认定过失致人死亡罪名中的情节较轻

——潘某军过失致人死亡案

【案件基本信息】

1. 裁判书字号

广西壮族自治区贺州市中级人民法院（2020）桂11刑终180号刑事裁定书

2. 案由：过失致人死亡罪

【基本案情】

2020年5月25日中午，被害人潘某志得到被告人潘某军允许后来到了潘某军承包的鱼塘钓鱼。当日16时许，潘某军接小孩放学途经其承包的鱼塘，潘某军发现潘某志在其鱼塘钓鱼数量多，且种类有草鱼，他觉得潘某志太贪心，于是将潘某志钓到的大部分鱼倒回鱼塘中，潘某志见状将潘某军推下鱼塘。潘某军爬上来后打了潘某志一拳，潘某志嘴角被打出血并退了两步，潘某志站不稳，其在调整身体的过程中侧身倒在地上。之后潘某军准备离开，而潘某志爬起来抱住潘某军的腰，两人僵持了一会儿后，潘某军用力甩开了潘某志抱住其腰间的双手，潘某志被甩跌在地上，左脸部敲中地面，当时潘某志的手护着头部。之后潘某志又爬起来追上潘某军并抓住潘某军左肩后衣领，潘某军想甩开潘某志，于是转身用左手甩开潘某志抓他衣领的双手时左手甩中了潘某志的头部，致使潘某志重心不稳后仰后枕部着地受伤，后潘某志被送往医院经救治无效死亡。经贺州市公安局物证鉴定所鉴定：潘某志系跌倒后枕部着地致颅脑严重损伤而死亡。

【案件焦点】

如何认定过失致人死亡罪名中的情节较轻。

【法院裁判要旨】

广西壮族自治区钟山县人民法院经审理认为：对于上诉人潘某军提出原判认定事实不清、证据不足，被害人潘某志最后一次摔倒是自身行为导致，潘某志的死亡不排除本人中风、脑出血情况的上诉意见。经查，贺州市公安局物证鉴定所出具的法医学尸体检验鉴定书证实被害人潘某志头部受伤部位为枕部，鉴定意见为死者潘某志系跌倒后枕部着地致颅脑严重损伤而死亡。而根据上诉人潘某军在侦查阶段多次供述在潘某志再次向其冲过来并抓住他后背衣领后，其为甩开潘某志便转身用左手甩开潘某志抓住他衣领的双手，同时他感觉他的左手肘部甩中了潘某志的头部，后潘某志的双手被他甩开，之后他转身回头看见潘某志往后退了两步，在退的过程中潘某志站不稳脚先抬起来后整个人后仰倒了下去。同时潘某军还在侦查阶段第一次供述时称他在潘某志最后一次倒地起不来后，是最后往后倒地那下摔伤的，当时还没见流血。此外，证人潘某馨亦证实被害人潘某志是在与上诉人潘某军拉扯的过程中摔倒，是后背摔下脸朝上倒地的。综上，上述鉴定意见能与上诉人潘某军在侦查阶段的供述以及证人潘某馨的证言相互吻合，并有在案的其他证据予以佐证，足以证实被害人潘某志的死亡与上诉人潘某军的行为具有刑罚上的因果关系。故上诉人的此项上诉意见，与在案证据查明的事实不符，不予采纳。依照《中华人民共和国刑法》第二百三十三条的规定，判决如下：

被告人潘某军犯过失致人死亡罪，判处有期徒刑二年（刑期从判决执行之日起计算；判决执行以前先行羁押的，羁押一日折抵刑期一日，即自2020年5月26日起至2022年5月25日）。

宣判后，被告人潘某军提起上诉。广西壮族自治区贺州市中级人民法院依照《中华人民共和国刑事诉讼法》第二百三十六条第一款第一项之规定，裁定：

驳回上诉，维持原判。

【法官后语】

本案的争议焦点在于被害人潘某志的最后一次摔倒是否是被告人所为，以及摔倒是否是致死的原因。一、二审法院均认为通过结合全案证据可以查明被害人最后一次摔倒是因被告人甩开其双手过于用力所致的事实。同时鉴定意见证实死者潘某志系跌倒后枕部着地致颅脑严重损伤而死亡。综上，死者的死亡与被告人潘某军的行为具有刑法上的因果关系，被告人构成过失致人死亡罪。笔者同意上述观点。

1. 被告人潘某军在主观上是否存在疏忽大意或者过于自信的过失。被告人与被害人因故发生争执后，被害人潘某志已经被被告人潘某军打了一拳，嘴角出血且摔倒在地。潘某志爬起来抱住潘某军的腰，两人僵持了一会儿后，潘某军用力甩开了潘某志抱住其腰间的双手，潘某志被甩跌在地上，左脸部敲中地面，当时潘某志的手护着头部。由此看出，被告人潘某军在身体素质上是占有优势且能够预计到若是自己用力过大是可以导致被害人潘某志摔倒在地的。在这样的情况下，被告人仍然在被害人抓住其衣领后，转身用力甩开潘某志抓他衣领的双手并甩中了潘某志的头部，造成被害人再次倒地受伤后救治无效死亡。由上可知，被告人对自己的行为可能导致被害人倒地受伤是可以预计的，仅是对死亡结果的发生不存在故意。

2. 被告人潘某军的行为是否属于《中华人民共和国刑法》第二百三十三条中规定的“情节较轻”的情形。“情节较轻”要求被告人行为时的动机、目的和手段都应该与普通的过失致人死亡罪有所区别。一般过失致人死亡罪的动机和目的是希望对方受到不致死的伤害。而本案中，被告人潘某军后两次致被害人摔倒的目的都是挣脱被害人的束缚而不是主动想让被害人受伤，受到他人拉扯而挣脱是一个人的正常反应，所以在手段上，被告人潘某军的行为也并不恶劣。因此，在认定被告人潘某军有疏忽大意的过失并实施了与被害人潘某志的死亡有因果联系的行为的同时，也应当考虑到其主观和行为都比一般的过失致人死亡较轻，从而适用《中华人民共和国刑法》第二百三十三条中规定的“情节较轻的，处三年以下有期徒刑”的法律规定。

编写人：广西壮族自治区钟山县人民法院　岑则龙

（三）故意伤害罪

8

亲生父母“棍棒教育”致死如何量刑

——赵某生故意伤害案

【案件基本信息】

1. 裁判书字号

河南省平顶山市中级人民法院（2020）豫04刑初4号刑事判决书

2. 案由：故意伤害罪

【基本案情】

2019年9月4日20时许，被告人赵某生在家中教其子（即被害人赵某帆）背诵古诗词过程中，因赵某帆多次出错，赵某生便用软胶管朝赵某帆身上持续抽打。晚23时许，赵某帆睡觉。次日凌晨1时许，赵某帆呕吐不止，随即被其家人送往医院救治。经医生检查，赵某帆已无生命特征，后赵某生主动到鲁山县公安局团城派出所投案。经鉴定，死者赵某帆符合被他人用钝器（如棍棒类）打击所致的创伤失血性休克死亡。

【案件焦点】

赵某生的行为应如何量刑。

【法院裁判要旨】

河南省平顶山市中级人民法院经审理认为：被告人赵某生故意伤害他人身

体，致一人死亡，其行为已构成故意伤害罪。公诉机关指控被告人犯故意伤害罪的事实和罪名成立，予以支持。赵某生犯罪后自动投案，如实供述自己的罪行，系自首，根据《中华人民共和国刑法》第六十七条的规定，依法可以从轻或减轻处罚。赵某生长时间殴打年仅 5 岁的被害人赵某帆并致其死亡，后果严重，依法本应判处十年以上刑罚。鉴于本案系赵某生管教儿子不当引发的家庭悲剧，其主观恶性较轻，社会危害性有限，且具有自首情节，又真诚悔罪，并取得了家庭其他成员谅解，依法对其减轻处罚。

综上，根据赵某生的犯罪事实、性质、情节和对社会的危害程度，依据《中华人民共和国刑法》第二百三十四条第二款、第四十五条、第四十七条、第六十七条第一款之规定，判决：

被告人赵某生犯故意伤害罪，判处有期徒刑七年。

【法官后语】

赵某生案属于典型的家庭暴力致人死亡案件，但是又具有不同于普通涉家暴刑事案件的特点：一是被告人与被害人特殊的亲子关系；二是施暴原因并非缘于家庭纠纷导致的怨恨，或被告人蛮横无理、随意泄怒，而是缘于“爱”和希望；三是折射出当前我国并不鲜见的一个社会现象，对自身生活事业并不满意的父母把全部希望寄托在子女身上，为子女教育问题不计成本，不讲方式、方法，直至酿成悲剧；四是该案案发前，村干部便知道赵某生有酒后殴打孩子的行为，虽进行过劝阻，但未有效阻止本案的发生，暴露了社会对未成年人监护人监管的缺位。案发后，审判部门会同检察部门共同赴被告人所在村委进行调查走访，组织党员对其家庭进行捐助，并就本案暴露的问题向鲁山县教育局提出司法建议。因此，本案的及时审理和公正判决，对于家风建设，未成年人的权益保护，以及监护人监管体制的完善都有着积极的社会意义。

本案亦警示我们，未成年人保护法的贯彻落实还不到位。本案中，村干部也曾干预过赵某生的家暴行为，但是没有有效制止恶果，这直接反映出我国对监护人的监管存在缺失。现实中，相对于第三人侵权来说，来自监护人的侵害对被监护人的合法权益的危害更大。因为监护人的侵权行为具有隐蔽性，他们一旦沦为侵权人，被监护人的权益就会变得非常脆弱，很容易被侵犯，且被监护人在遭受侵害时很难及时得到外力的救济。相关立法应尽快完善，将乡村、社区相关组织对家庭教育的监管纳入法治轨道，弥补家庭个体监护的不足。而且对被监护人的保护不应仅放在事后监督上，还应将重心放在事前预防、事中的监督上。

编写人：河南省平顶山市中级人民法院　侯晓宏　秦蔚鸽　王子璜

9

共同犯罪中部分行为人实行过限情况下罪名的认定

——杨某故意伤害案

【案件基本信息】

1. 裁判书字号

新疆维吾尔自治区乌鲁木齐市中级人民法院（2020）新01刑初字34号刑事判决书

2. 案由：故意伤害罪

【基本案情】

1990年7月，贺某（已判决）与代某同居后，于1991年5月与其妻子王某离婚。1996年1月，代某和被害人明某办理了结婚手续。贺某于1997年7月1日找到明某，要求将代某带回，土墩子农场派出所出面调解：由明某赔偿贺某经济损失4000元，贺某不再纠缠代某。明某为了避免贺某再来纠缠，1997年搬到其他市区打工生活。1998年1月，贺某携前妻王某、儿子贺某1一边打工一边寻找代某。2000年10月贺某通过各种途径得知明某、代某夫妇住处后，便与王某及其同乡杨某、郭某搬至该市。2000年11月16日晚8时许，贺某指使杨某、郭某将明某骗至其租住房内用酒灌醉，以便其将代某带走，贺某与王某躲在邻居家。当晚10时许，贺某窜回其住房内，将明某摔倒在地，并指使杨某、郭某按住明某的手、脚，贺某一手掐住明某的脖子，一手持酒瓶往明某的嘴里灌酒，致被害人明某当场死亡，经法医尸体检验：被害人明某系机械性窒息死亡。案发后，被告人杨某逃离现场，使用伪造的葛某身份证外出打工，2019年12月1日，被告人杨某被公安机关抓获。

【案件焦点】

共同犯罪过程中，部分被告人实行过限，其他被告人的定罪问题。

【法院裁判要旨】

新疆维吾尔自治区乌鲁木齐市中级人民法院经审理认为：被告人杨某与被害人明某素不相识，亦无仇怨，其与贺某、郭某共同预谋采取灌酒的方式使被害人明某丧失行动能力，案发当日被告人杨某也是受贺某的指使将被害人约至案发现场，没有准备凶器，案发时其采取的行动是按住明某的腿以便贺某给明某灌酒，在被告人杨某得知明某已经死亡后，其主观态度表现为出乎意料，结合上述在案事实，足以确认被告人杨某主观目的是故意伤害被害人而非要致被害人死亡。本案中被告人杨某与贺某共同对被害人实施暴力导致被害人死亡，应当认定二人系共同犯罪，但二人主观故意不同，应在自己的故意限度内承担责任，各自成立不同的犯罪并对被害人死亡的后果负责。综上，应当认定被告人杨某犯故意伤害（致人死亡）罪，公诉机关指控事实正确，但罪名有误，本院予以纠正。被告人杨某在本案犯罪过程中主要是听从贺某安排参与犯罪，在共同犯罪中作用小、地位低，系从犯，且其到案后能如实供述自己的犯罪事实，具有坦白情节；对自己的行为性质虽有辩解，但自愿认罪悔罪；案发时刚满18周岁，没有前科劣迹，主观恶性不深，故本院依法对其减轻处罚。辩护人提出被告人杨某具有以上从轻减轻处罚量刑情节的辩护意见成立，本院予以采纳。

综上，根据被告人杨某犯罪的事实、犯罪的性质、情节和对社会的危害程度，依照《中华人民共和国刑法》第二百三十四条第二款、第二十五条、第二十七条、第六十一条、第六十三条、第六十七条第三款之规定，判决如下：

被告人杨某犯故意伤害（致人死亡）罪，判处有期徒刑八年。

宣判后，被告人未上诉，公诉机关未抗诉。

【法官后语】

本案处理重点主要在于对共同犯罪中不同犯罪故意的被告罪名认定。故意伤害罪侵害的是他人的身体权，故意杀人罪侵害的是他人生命权，区分故意杀人罪同故意伤害罪的关键，就在于两罪犯罪故意内容不同。故意杀人罪的故意内容是剥夺他人生命，希望或放任他人死亡结果的发生，而故意伤害罪的故意内容只是要损害他人身体，并不是剥夺他人的生命，即使伤害行为客观上造成被害人的死亡，也往往是由于行为时出现未曾料到的原因导致的，行为人对死亡后果既不希望，也不放任，完全是出于过失。判断犯罪人主观故意，应根据发案原因、行为发展过程、犯罪工具、行凶手段、打击部位、打击强度、行凶情节、作案时间、地点、环境、犯罪人与被害人平时关系、致人死亡或未死亡的原因、犯罪分子一贯表现和犯罪后的态度等，进行综合分析判断。被告人杨某与贺某、郭某共同预谋采取灌酒的方式使被害人明某丧失行动能力，案发当日被告人杨某也是受贺某的指使将被害人约至案发现场，没有准备凶器，案发时其采取的行动是按住明某的手、脚以便贺某给明某灌酒，在被告人杨某得知明某已经死亡后，其主观态度表现为出乎意料，结合上述在案事实，足以确认被告人杨某主观目的是故意伤害被害人而非要致被害人死亡。本案中被告人杨某与贺某共同对被害人实施暴力导致被害人死亡，应当认定二人系共同犯罪，但二人主观故意不同，应在自己的故意限度内承担责任，各自成立不同的犯罪并对被害人死亡的后果负责。综上，应当认定被告人杨某犯故意伤害（致人死亡）罪。

编写人：新疆维吾尔自治区乌鲁木齐市中级人民法院　化豫

10

共同故意伤害案件中部分共犯实施故意杀人行为，其他共犯对被害人死亡是否应承担责任

——赵某辛、刘某故意伤害案

【案件基本信息】

1. 裁判书字号

浙江省丽水市中级人民法院（2021）浙11刑终7号刑事附带民事裁定书

2. 案由：故意伤害罪

【基本案情】

2015年6月13日晚，应某芳（已判决）与孙某某、庞某某等人在蔡某某家中商量处理纠纷，庞某某因替孙某某说话，与应某芳发生言语冲突。6月14日晚，应某芳与庞某某、被害人周某某（系庞某某的朋友）等人再次在蔡某某家中相遇，其间，周某某与应某芳有言语冲突。

2015年6月15日凌晨1时许，被告人刘某、赵某辛与应某芳、孙某某、应某某、王某某、庞某某、被害人周某某在某大排档内吃夜宵。其间，周某某因与应某芳、刘某言语不和发生争吵，周某某拿出刀放在桌上，刘某走到夜宵摊门口欲与周某某对峙，后被在场其他人员劝阻，八人继续就座吃夜宵。十余分钟后夜宵结束，八人陆续走出夜宵摊门口，应某芳在门口突然掏出一把刀捅刺走在前面的周某某。周某某被刺后跑到前面的围栏处，应某芳继续上前捅刺，二人扭打在一起。刘某见状也冲上去殴打周某某，庞某某欲上前阻止，二人扭扯在一起，后庞某某被赵某辛一把拉开，刘某与庞某某在纠缠中一起往东北菜馆方向跑去。孙某某、王某某上前将应某芳、周某某分开后，赵某辛从刘某的

轿车后备厢拿出棒球棍击打周某某的头部、胸腹部、腿部等部位数下。后周某某逃至大排档附近的小巷内，刘某驾车与应某芳、赵某辛一同离开现场。之后周某某被找到并送至医院，经抢救无效死亡。经法医学鉴定，被害人周某某系左胸部锐器伤致肺脏破裂大出血死亡。

附带民事诉讼原告人周某龙系被害人周某某的父亲，其因周某某死亡遭受的合理经济损失为人民币1361580元。应某芳已赔偿周某龙人民币80000元。

【案件焦点】

在共同的故意伤害犯罪中，同案犯超出共同犯罪故意，实施故意杀人行为，其他共犯的行为与被害人死亡无直接因果关系，但存在间接因果关系，是否应当对被害人的死亡承担责任。

【法院裁判要旨】

浙江省缙云县人民法院经审理认为：被告人赵某辛、刘某故意伤害他人身体，与他人的行为共同致人死亡，其行为构成故意伤害罪。公诉机关指控的罪名成立，予以支持。附带民事诉讼原告人周某龙因被害人周某某死亡遭受的合理经济损失为死亡赔偿金1325541元、丧葬费36039元，其诉请的死亡赔偿金1215274元、丧葬费33216元，少于合理经济损失的部分视为其主动放弃，故对其诉请的该部分经济损失予以支持。因被害人对本案的发生存在过错，可以减轻二被告人及附带民事诉讼被告人的赔偿责任，故由二被告人及附带民事诉讼被告人承担95%的赔偿责任。被害人的死亡系由附带民事诉讼被告人应某芳直接造成，由其承担70%的赔偿责任，即赔偿额为873943元，扣除已赔偿的80000元，还需赔付793943元；被告人赵某辛承担15%的赔偿责任，即赔偿额为187273.5元，被告人刘某承担10%的赔偿责任，即赔偿额为124849元，三人互负连带赔偿责任。附带民事诉讼原告人周某龙诉请的抢救费、交通费、住宿费、停尸费、精神抚慰金等费用，不予支持。在共同犯罪中，二被告人起次要作用，系从犯，依法应当从轻、减轻处罚或者免除处罚。被告人赵某辛如实供述了自己的主要犯罪事实，依法可从轻处罚。被告人刘某主动投案，归案后未如实供述自己的犯罪事实，不能认定为自首，但对其主动投案的行为可酌情从轻处罚。

浙江省缙云县人民法院依照《中华人民共和国刑法》第二百三十四条第二款、第二十五条第一款、第二十七条、第六十七条第三款、第三十六条第一款，《中华人民共和国刑事诉讼法》第一百零一条第一款，《中华人民共和国民事诉讼法》第六十四条第一款、第一百二十四条第五项的规定，作出如下判决：

一、被告人赵某辛犯故意伤害罪，判处有期徒刑四年；

二、被告人刘某犯故意伤害罪，判处有期徒刑三年六个月；

三、被告人赵某辛赔偿附带民事诉讼原告人周某龙死亡赔偿金、丧葬费等经济损失计人民币 187273.5 元；被告人刘某赔偿附带民事诉讼原告人周某龙死亡赔偿金、丧葬费等经济损失计人民币 124849 元；附带民事诉讼被告人应某芳赔偿附带民事诉讼原告人周某龙死亡赔偿金、丧葬费等经济损失计人民币 873943 元，已赔偿人民币 80000 元，还需赔偿人民币 793943。被告人赵某辛、刘某、附带民事诉讼被告人应某芳互负连带赔偿责任，款限本判决生效后即交本院代转；

四、驳回附带民事诉讼原告人周某龙的其他诉讼请求。

赵某辛、刘某提起上诉。浙江省丽水市中级人民法院经审理认为：被告人赵某辛、刘某故意伤害他人身体，与他人的行为共同致人死亡，其行为构成故意伤害罪。在共同犯罪中，二被告人起次要作用，系从犯，应当从轻、减轻处罚或者免除处罚。被告人赵某辛如实供述了自己的主要犯罪事实，可以从轻处罚。被告人刘某主动投案，归案后未如实供述自己的犯罪事实，不能认定为自首，但对其主动投案的行为可酌情从轻处罚。两被告人应承担相应的民事赔偿责任。原判认定事实清楚，证据确实、充分，定罪及适用法律正确，量刑适当，民事赔偿处理适当，审判程序合法。被告人赵某辛、刘某提出改判的上诉理由均不成立，不予采纳。丽水市人民检察院建议驳回上诉，维持原判的意见，予以支持。

浙江省丽水市中级人民法院依照《中华人民共和国刑法》第二百三十四条

第二款、第二十五条第一款、第二十七条、第六十七条第三款、第三十六条第一款，《中华人民共和国刑事诉讼法》第一百零一条第一款、第二百三十六条第一款第一项的规定，作出如下裁定：

驳回上诉，维持原判。

【法官后语】

本案中，同案犯应某芳因故意杀人罪已判决，关键在于本案被告人赵某辛、刘某是否在故意伤害罪的范围内与应某芳构成共犯及二被告人是否应对被害人死亡这一结果承担责任。

经查，应某芳在实施故意杀人犯罪前及犯罪过程中，与被告人赵某辛、刘某并无共同犯罪之通谋，本案的发生系应某芳突发报复念头而对被害人周某某进行捅刺，二被告人事中参与殴打周某某，周某某系因左胸部锐器伤致肺脏破裂大出血死亡。致人死亡是故意伤害罪的结果加重情形，其成立应当符合三个条件：（1）行为人对基本犯罪有故意；（2）基本犯罪行为与加重结果之间有因果关系；（3）行为人对结果的发生存在预见的可能性因疏忽大意没有预见，或已预见而轻信能够避免，以致结果发生。本案中，赵某辛、刘某事中参与殴打周某某，存在故意伤害周某某的主观故意，但是否构成结果加重犯，关键应当考察二人之行为与被害人死亡之间是否存在因果关系及二被告人对该结果的发生是否可能预见。

对此，一种意见认为，致人死亡的结果不应由二被告人承担。第一，根据法医学尸体检验鉴定书可知，周某某系因左胸部锐器伤致肺脏破裂大出血死亡，该致死结果与二被告人的行为并无直接因果关系。现有证据也无法充分证明二被告人的行为是否在一定程度上加速了被害人的死亡、延误了被害人获得抢救的机会。第二，现有证据不足以证明二被告人知晓应某芳携有刀具或知晓其持刀捅刺周某某。因此二被告人不可能预见应某芳会临时产生犯意突然持刀捅刺周某某，也不可能预见周某某会因此死亡。显然应某芳持刀故意杀害周某某的行为超出了二被告人伤害周某某的共同故意，不应由二被告人承担致人死亡的责任。继而由于现有证据无法证明二被告人之行为造成被害人轻伤及以上损害程度，不符合故意伤害罪的客观要件，二被告人不构成故意伤害罪。但二被告人在公共场所为朋友出头，逞强斗狠，随意殴打他人，造成恶劣社会影响，客观上亦出现一人死亡的严重后果，应以寻衅滋事罪对二被告人定罪处罚。

笔者认为，二被告人应当承担致人死亡这一加重结果。第一，周某某虽系因左胸部锐器伤致肺脏破裂大出血死亡，死亡结果的发生与二被告人的行为无直接因果关系。但二被告人之行为在一定程度上加速了被害人的死亡、延误了被害人获得抢救的机会，如刘某、赵某辛阻拦、纠缠庞某某的行为，在某种程度上使被害人失去了获得其朋友庞某某救助的机会，赵某辛持棒球棍敲打被害人的行为导致被害人逃离现场，失去了获得及时救治的机会。二被告人的行为对被害人死亡结果的发生存在间接因果关系。第二，虽二被告人否认当时知晓应某芳持刀捅刺周某某。但证人孙某某、王某某、应某某、庞某某、杜某某、范某某、吴某的证言均证实，当时他们看到了应某芳拿着刀，其中孙某某、庞某某更是称看到应某芳用刀捅刺了周某某几下，可见当时的视觉条件并不足以让人无法看清刀的存在。且尸检报告证实周某某身上有三处超3cm的创口和一处1cm的浅创，结合监控视频呈现的案发过程，可证实应某芳捅刺周某某的过程经历了较长的一段时间，所有人站位也比较近，不会因持续时间短或距离远等因素导致看不见。所以可认定二被告人知晓或应当知晓应某芳持刀的事实。二人在此情况下仍加入其中殴打周某某，显然对周某某死亡这一结果存在预见的可能性。综上，二被告人应对致人死亡这一结果承担责任，二人构成故意伤害罪且致人死亡。

编写人：浙江省缙云县人民法院　刘凯

11

被告人致伤被害人的主观故意与伤害行为性质的认定

——徐某学故意伤害案

【案件基本信息】

1. 裁判书字号

新疆维吾尔自治区乌鲁木齐市中级人民法院（2020）新01刑终199号刑事附带民事裁定书

2. 案由：故意伤害罪

【基本案情】

徐某学与许某连曾因治疗腿疾发生过争执，2019年7月31日中午，徐某学与许某连相遇后再次发生争吵，当日下午4时许，徐某学与周某年、李某凤、马某雄等在某游园处打牌娱乐时，许某连与丈夫崔某治从此处路过，再次与徐某学发生口角，后许某连朝徐某学面部吐口水，徐某学起身后，用手推向被害人许某连，致许某连臀部着地后受伤倒地，经某物证鉴定室鉴定，作出鉴定意见为：伤者许某连腰部的损伤程度为轻伤二级。

另查明，案件受理后，被害人许某连提起附带民事诉讼，被告人徐某学申请对被害人许某连伤病关系及本案被害人的伤情是否构成轻伤作出鉴定，经被告人及被害人同意并通知公诉机关，某司法鉴定中心作出司法鉴定意见书。

经当庭询问作出司法鉴定意见书的新鉴定人周某江陈述，鉴定意见书作出的依据是参考青壮年的骨质标准，针对本案不作案情分析，仅作力学分析，压缩性骨折的原因是多样的，包括推力等多种因素，当事人案发时在路边，属于非正常环境。本案中被告人徒手推了被害人，后果是被害人跌倒，撞击地面，重力向下。

主检法医师那某尔陈述，被害人出院诊断的结论是压缩性骨折及重度骨质疏松，鉴定时进一步对被害人的骨密度进行了检测，其目的是确定被害人是否是重度骨质疏松，根据骨密度检测报告显示，被害人的骨质并非属于骨质疏松，属于骨质减少，不属于疾病类。在同年龄人群中属于正常范围，不会发生自发性骨折。在本案作出鉴定意见前，考虑了被害人自身的年龄因素等多种因素，最终作出的结论。

【案件焦点】

故意伤害犯罪中，徐某学拒不供认其推搡行为与许某连受伤有直接因果关系，没有故意伤害的故意，如何根据在案证据定罪。

【法院裁判要旨】

新疆维吾尔自治区乌鲁木齐市米东区人民法院经审理认为：在案证据均能够证实被告人徐某学对被害人许某连有手推的行为，足以证实被告人徐某学具有故意伤害的主观故意和伤害行为。被告人徐某学对被害人许某连实施的推力作用，是直接导致被害人许某连倒地受伤的原因。

被害人许某连的骨密度值在正常范围内，即与同年龄、同类人群相比，其骨密度仍属于正常范围，其骨质状况属于同年龄人群的普遍生理现象，并非个体病理表现。结合本案视听资料中案发现场的视频可见，被害人许某连案发当日臀部先着地，其腰部所受暴力相对较大，而影像学专家医学鉴定证明书证实被害人许某连腰 1 椎体压缩性骨折属新鲜骨折，结合出庭法医的意见，其压缩性骨折的形成，与臀部着地造成的暴力受力有关。被告人徐某学的推力导致被害人许某连身体失去平衡，臀部撞击坚硬地面产生的向上作用力致伤。

新疆维吾尔自治区乌鲁木齐市米东区人民法院经审委会讨论决定，依照《中华人民共和国刑法》第二百三十四条第一款、第十七条之一、第三十六条第一款、第三十七条之规定，判决如下：

一、被告人徐某学犯故意伤害罪，免予刑事处罚；

二、被告人暨附带民事诉讼被告人徐某学赔偿附带民事诉讼原告人许某连医疗费22734.49元、住院伙食补助费420元、护理费13975.71元、鉴定费336元、交通费210元，以上合计37676.2元，由被告人徐某学于本判决生效后十日内一次性向附带民事诉讼原告人许某连付清；

三、驳回附带民事诉讼原告人许某连要求赔偿误工费20595.8元的诉讼请求。

徐某学持原审辩解提起上诉。新疆维吾尔自治区乌鲁木齐市中级人民法院经审理认为：原判认定事实正确，并有经原判庭审质证的相关证据予以佐证。遂依照《中华人民共和国刑事诉讼法》第二百三十六条第一款第一项，《中华人民共和国民事诉讼法》第一百七十条第一款之规定，裁定：

驳回上诉，维持原判。

【法官后语】

本案处理重点主要在于被告人是否有致伤被害人的主观故意与伤害行为。

具体到本案中，案发前，被害人许某连朝被告人徐某学面部吐口水的行为，是直接引发二人发生肢体冲突的诱因，而被害人对被告人吐口水的行为，足以激怒被告人，被告人本应该冷静克制，以正确的方式处理问题。而被告人徐某学随后对被害人许某连有手推的行为，足以证实被告人徐某学具有故意伤害的主观故意和伤害行为，其行为符合故意伤害罪的犯罪构成。而在案发前，被告人徐某学曾与被害人许某连发生数次争执，案发前，被害人许某连朝被告人徐某学面部吐口水的行为，应当认定为属于刑法意义上的过错。

本案的另一特殊情况是被害人案发时已年满71周岁，其本身的身体状况及骨质情况对其伤情也有影响，但综合在案证据，被害人许某连的骨密度值在正常范围内，即与同年龄、同类人群相比，其骨密度仍属于正常范围，其骨质状况属于同年龄人群的普遍生理现象，并非个体病理表现。被害人许某连案发当日臀部先着地，其腰部所受暴力相对较大，轻伤的结果并非系其本身的病理表现。

最后，本案在判决时，结合了被告人徐某学的犯罪情节、社会危害性等情节，对被告人徐某学免予刑事处罚。充分体现了刑法罪、责、刑相一致的原则。

编写人：新疆维吾尔自治区乌鲁木齐市米东区人民法院　廖凌

12

婚外情是否构成严重过错

——李某某故意伤害案

【案件基本信息】

1. 裁判书字号

陕西省宝鸡市中级人民法院（2020）陕03刑终289号刑事裁定书

2. 案由：故意伤害罪

【基本案情】

被告人李某某与被害人梁某某系夫妻关系。2020年春节期间，被告人李某某发现其朋友于某与妻子梁某某存在婚外情，夫妻感情因此发生矛盾。同年3月13日下午5时许，被告人李某某下班前，电话联系了梁某某，根据通话情况，李某某猜测梁某某和于某在一起，遂相约几名同事一起吃饭、喝酒。晚9时许，李某某回到家中，梁某某在家，二人发生争吵，情绪激动之下李某某拉扯、殴打梁某某，并用梁某某手机拨打电话给于某让其将梁某某领走，其间还和于某多次微信视频通话争吵。22时09分，于某在与李某某视频通话过程中发现梁某某躺在地上，遂乘车赶至李某某家中，遭李某某谩骂，于某发现梁某某躺在客厅地上，反复叫不应声后，说人没气了赶紧救人，李某某大喊“没气了和我有啥关系，大不了进去坐十几年，没事，死就死了，我认”等语言。近23时许，于某拨打120急救电话，李某某也打电话催促120派车，并与于某合力将梁某某送上急救车。23时21分，梁某某被于某、120急救车送至医院进行急救，当时意识丧失，医检左侧眶周淤青，右侧颧部肿胀，右侧肩前部及双手瘀青肿胀，双肺呼吸音消失、心音消失、生理反射消失等，23时51分，梁某某因抢救无效死亡。抢救期间，于某拨打110电话报警。公安人员到医院出警时，正逢李某某到医院了解情况，遂将其抓获。

经法医检查，被害人梁某某右侧颞顶枕部大范围头皮青紫肿胀，对应部位头皮下大面积出血，右侧大脑枕叶挫裂伤并硬膜下出血，双侧大脑、小脑多处蛛网膜下腔出血，右胸部锁骨下擦挫伤并皮下出血，右侧胸部第2根肋骨锁骨中线处软组织挫伤并对应部位肋骨骨折，左侧前臂中上段三处条片状软组织挫伤，左侧大腿中下段两处条状软组织挫伤；左侧眼部"熊猫眼"状，右侧颧部软组织擦挫伤，上下唇部挫裂伤，左侧下颌部软组织挫伤，左侧上臂及双手部多处软组织挫伤，右侧季肋部擦挫伤并右侧第10根肋骨骨折，肾脏周围软组织出血，经鉴定认定梁某某系钝性外力作用致重型颅脑损伤死亡。

【案件焦点】

1. 被害人的婚外情是否构成严重过错，最直接的标准即被告人是否可以采取其他合法、理智、合理的方式来解决；2. 被告人行为应当认定为故意伤害罪还是过失致人死亡罪。

【法院裁判要旨】

陕西省宝鸡市金台区人民法院经审理认为：被告人李某某在与被害人梁某某的婚姻家庭生活中，因感情问题发生矛盾后，不能正确处理，以暴力殴打等行为故意伤害被害人梁某某致其死亡，其行为已构成故意伤害罪。被害人梁某某对案件起因存在一定过错，并非严重过错，可适当减轻被告人李某某的罪责。

关于本案是否应认定为过失致人死亡罪，在案证据综合证实，被告人李某某与梁某某感情出现纠纷，案发当晚李某某回到家中时，被害人梁某某身体状态、精神状态均正常，后二人发生争执，在于某来家之前，李某某始终在家中，于某到来之后，梁某某再未遭受殴打行为，在案法医鉴定分析论证梁某某头部伤情系与大平面物质多次碰撞可以形成，且认定被害人梁某某系钝性外力作用致重型颅脑损伤死亡，结合法医检查发现的被害人右胸部锁骨及胸部肋骨骨折，左侧前臂、左侧大腿、左侧眼部、右侧颧部等多处部位存在伤情，现场勘验时客厅衣服等物品在地上混乱堆放，摔烂的水壶、分离的手机壳与机身等情况，以及录音资料中于某呼叫梁某某不应，告知李某某时，李某某大喊“大不了进去坐十几年，没事，死就死了，他认”等语言，本案可以认定李某某因情绪暴怒对被害人梁某某实施了连续殴打行为，其对被害人的伤情形成并不存在过失，属于明知且有预见，即使被害人死亡，其也愿意承担责任，综上，法院认为，被害人梁某某死亡后果并非单次摔倒所致，在案证据排除第三人侵害梁某某的可能，足以认定梁某某系被告人李某某殴打致伤后死亡。被告人李某某主观上具备故意伤害被害人梁某某的故意，客观上实施了殴打等伤害行为并造成了被害人头部、面部、胸部等多处受伤，因伤情严重致被害人死亡，侵犯了被害人的人身权利，其行为符合故意伤害罪的犯罪构成。关于辩护人辩称被害人有严重过错的意见，一审法院认为，综合考虑本案情况，不足以认定被害人梁某某存在严重过错。

陕西省宝鸡市金台区人民法院依照《中华人民共和国刑法》第二百三十四条第二款、第六十一条之规定，判决如下：

被告人李某某犯故意伤害罪，判处有期徒刑十一年。

陕西省宝鸡市中级人民法院经审理认为：基本同意宝鸡市金台区人民法院裁判意见，对上诉予以驳回，维持了一审判决结果。

陕西省宝鸡市中级人民法院依照《中华人民共和国刑事诉讼法》第二百三十六条第一款第一项之规定，裁定：

驳回上诉，维持原判。

【法官后语】

一般来说施暴一方均为男性，妻子多为受害一方，伤害的原因多为生活的琐事，双方缺乏沟通，而且可以看出发生类似的事件之后，对子女的身心健康都会造成不利的影响，所以从社会性的角度来看，夫妻之间应当加强交流。

从法律的角度来看，首先，要看婚外情是否构成严重过错。刑法中的罚则针对的是犯罪行为，婚外情除非发展为重婚罪，才有可能承担刑事责任；婚外情违反的是夫妻双方的忠诚义务，而不是其他的民事法律责任，发生婚外情，在离婚时应当承担相应的民事法律责任；婚外情因素是否是被害人的严重过错问题，笔者认为，认定标准在于被告人在处理婚外情问题时，是否有其他理智的、合法的、合理的处理方式，本案中，被告人的伤害行为发生的原因，是感情问题发生矛盾后，不能正确处理，但是不能将被害人的婚外情认定为其有严重过错；在被害人有婚外情的情况下，被告人可以选择其他合法合理的方式来解决问题，并非要进行伤害行为。所以承办人在办理案件的过程中，并没有将婚外情因素认定为严重过错。

其次，关于是故意伤害罪与过失致人死亡罪。二者最大的区别就在于被告人的主观方面。如果是以伤害的故意为前提，那么就是故意伤害罪，反之就是过失致人死亡罪。而认定行为人主观上是否已具有伤害的故意，就必须综合全案的证据来认定，因为被告人的主观方面一定会通过客观方面体现出来。而综合本案的证据来看，认定被告人具有主观的故意是合理的，被告人因感情问题，故意伤害被害人的身体，已经具备了故意伤害罪的主观方面的构成要件，客观方面也造成了被害人的伤情以及死亡的结果，应当认定为构成故意伤害罪，并且致人死亡。

最后，本案是一起典型的因婚外情引起的家庭暴力事件。被害人固然有一定的错误，但是在法律上并不构成严重过错。被告人处理问题的方式已经触碰了刑法的底线。通过本案，笔者也在中国裁判文书网上以关键词“婚外情”“故意伤害”搜索生效判决书发现，此类案件当事人年龄跨度大，几乎涵盖成年人的各个年龄层面，已经成为一个社会普遍的问题，更有甚者，由第三者插足直接导致的凶杀、投毒、毁容等恶性刑事案件也相应增多。总结起来原因有多方面，客观上存在道德失范、法律救济不足，很多人通过媒体甚至身体力行对婚外情容忍、淡漠乃至鼓吹，道德约束渐渐式微。同时法律救济和公力救济不足，使得婚外情感情受到伤害的一方采取私力救济方式。从法律角度来看，《民法典》规定了过错方应当承担的民事后果，但是在婚姻家庭关系中，物质的分配并非解决问题的最终办法。刑法中关于重婚罪与非罪的规定相对模糊，刑罚也相对较轻，司法实践中也很难做到对重婚罪的被告人判处羁押刑罚，妇女的合法权益受到伤害，激发婚姻家庭矛盾，从而引发刑事案件。所以承办人在办理该案之后，呼吁所有的家庭，在遇到问题时，理性思考，理性解决，加强沟通，加强情绪管理。避免此类事件的再次发生。

编写人：陕西省宝鸡市金台区人民法院　刘沛宏

13

针对特定对象投放危险物质的行为应构成故意伤害罪，不构成投放危险物质罪

——翟某信故意伤害案

【案件基本信息】

1. 裁判书字号

广西壮族自治区百色市中级人民法院（2020）桂10刑终432号刑事裁定书

2. 案由：故意伤害罪

【基本案情】

翟某信与邻居隆某崇家素有积怨。2020年3月1日，翟某信在垃圾堆里捡到装有少量氧化乐果的农药瓶子，后将该瓶子拿回家藏放，欲以投毒方式教训隆某崇一家。2020年3月3日7时许，翟某信趁雨天爬到自家房顶，将该瓶氧化乐果用水稀释后洒到隆某崇家楼顶蓄水池旁，后氧化乐果随雨水流入蓄水池中。翟某信投洒氧化乐果完毕后，将瓶子烧毁。次日早上，隆某崇起床洗漱时，发现水中有农药味，遂停止使用水池内的水，并报警。经鉴定，从隆某崇家蓄水池内提取到的水样品检出氧化乐果。2020年5月25日，被告人翟某信到德

保县公安局东凌派出所投案。

【案件焦点】

本案的定性为故意伤害罪还是投放危险物质罪。

【法院裁判要旨】

广西壮族自治区百色市德保县人民法院经审理认为：翟某信因与隆某崇家有矛盾，向隆某崇家蓄水池投洒氧化乐果，意图伤害隆某崇一家；隆某崇家的蓄水池属于私人自用的蓄水池，不属公共用水水池；被告人翟某信行为针对的是特定对象，即隆某崇家，并非不特定的多数人。投放危险物质罪的客体是不特定的多数人，故被告人翟某信的行为不符合投放危险物质罪的构成要件，应构成故意伤害罪。被告人翟某信故意伤害他人未能得逞，系未遂。现被告人翟某信出于伤害他人的主观故意实施投放毒物的行为，未造成死亡或重伤后果，且现无充分证据确定其投放氧化乐果的具体数量、浓度，故根据有利于被告人的原则，比照故意伤害致人轻伤的量刑幅度对其确定量刑。被告人翟某信主动投案，并如实供述自己的罪行，虽然其就毒物种类进行辩解，但不影响对其自首情节的认定，故其具有自首情节，可以从轻或者减轻处罚。被告人翟某信系未遂犯，应当比照既遂犯从轻或者减轻处罚。综合考量本案各量刑因素，决定对其从轻处罚。但被告人翟某信投放的氧化乐果属高毒农药，具有高危险性，且其未取得被害人谅解，故不宜对其适用缓刑。

广西壮族自治区百色市德保县人民法院依照《中华人民共和国刑法》第二百三十四条第一款、第二十三条、第四十五条、第四十七条、第六十七条第一款之规定，作出如下判决：

被告人翟某信犯故意伤害罪（未遂），判处有期徒刑一年六个月。

上诉人翟某信上诉称：翟某信具有自首情节，且属于犯罪未遂，未造成伤害后果，并愿意补偿被害人的损失，认为原判过重，请求对其从轻改判并适用缓刑。其辩护人的辩护意见同上。

广西壮族自治区百色市中级人民法院经审理认为：上诉人翟某信因与隆某

崇家有矛盾，向隆某崇家蓄水池投洒农药，蓄意伤害隆某崇一家，其行为已构成故意伤害罪。由于意志以外的原因伤害未能得逞，系犯罪未遂，依法可以比照既遂从轻或者减轻处罚。作案后，翟某信主动投案，并如实供述自己的罪行，系自首，依法可以从轻或者减轻处罚。关于上诉人翟某信及其辩护人提出的上诉、辩护意见，经查，翟某信所具有的犯罪未遂、自首等法定从轻、减轻处罚情节，一审法院予以认定，并在对其量刑时予以考虑。由于其犯罪行为人身危害性大，不符合适用缓刑的条件。一审法院在法定幅度内从轻判处对其有期徒刑一年六个月，符合法律规定，不存在量刑过重、偏重的情形，翟某信及其辩护人要求二审法院再予改判无正当理由，故二审法院对上诉、辩护意见不予采纳。原判认定事实清楚，定性准确，量刑适当，审判程序合法。依照《中华人民共和国刑事诉讼法》第二百三十六条第一款第三项，作出如下裁定：

驳回上诉，维持原判。

【法官后语】

本案的分歧意见在于：

第一种意见认为，使用隆某崇家蓄水池的不仅有隆某崇一家，而且隆某崇周边的邻居群众还可能到隆某崇家使用该水池的水。被告人翟某信向该蓄水池投洒氧化乐果，危害对象不仅是隆某崇一家人，还包括其他群众，应构成投放危险物质罪。

第二种意见认为，从案发所在村屯的实际环境看，案发地群众基本上是家家都有蓄水池，隆某崇家蓄水池未与其他家或者其他公用蓄水池相连。隆某崇家中只有隆某崇及其妻子、三个子女居住，鲜有外人居住，隆家的蓄水池仅为隆某崇一家使用，不属于公共用水水池。故被告人翟某信投洒氧化乐果行为的危害对象是特定的，即与其积怨颇深的隆某崇及其家人。因此，翟某信的行为不符合投放危险物质罪“不特定”对象的这一构成要件。

将本案定性为故意伤害罪还是投放危险物质罪，是本案的争议焦点。

投放危险物质罪是指行为人采用投放带有毒害性、放射性、传染病原体等物质，危害公共安全的行为，其所侵犯的客体是不特定人的生命健康权利、财产权利。成立本罪，危及的是不特定的公共安全，而非个体的安全。

判断一个行为是否构成危害公共安全类的犯罪，主要看被告人的行为是不是对不特定、多数人的生命安全构成了显示的危险。“特定”与“不特定”是一种客观的判断，不依行为人主观有无确定的侵犯对象为转移，而是犯罪行为可能侵犯的对象和可能造成的结果事先无法确定，以及行为人对此是否既无法具体预料也难以实际控制。这有两个判断标准：一是对象和结果的可确定性或不可替代性；二是对象和结果的可预测性以及可控制性，即侵害对象和结果是具体明确，不可替代的。

故意伤害罪是故意侵害他人的身体的行为，其行为对象是特定的。

判断被告人的行为侵害的对象是否属于特定对象，是对本案行为进行准确定性的关键。

具体到本案，案发地群众基本上是家家都有蓄水池，隆某崇家蓄水池未与其他家或者其他公用蓄水池相连，隆某崇家中只有隆某崇及其妻子、三个子女居住，鲜有外人居住，隆某崇家的蓄水池仅为隆某崇一家使用。一审法院根据在案证据，并结合案发现场实际情况，准确判断隆某崇家蓄水池不属于公共用水水池。翟某信在主观上意图“教训”隆某崇一家，具有伤害的故意；行为上，翟某信实施了向隆某崇家蓄水池投洒氧化乐果的行为。翟某信所侵害的对象特定，是故意伤害的一种行为方式，故翟某信的行为符合故意伤害罪的构成要件，应以故意伤害罪追究其刑事责任，而非投放危险物质罪。因隆某崇及时发现水中有农药味，停止使用水池内的水，并报警，未发生伤害后果。因此，被告人翟某信属于故意伤害他人未能得逞，系未遂。

准确区分以危险方法危害公共安全类的犯罪中“对象不特定”问题以及特定对象类的犯罪，对于正确定罪量刑具有重要意义。一审法院纠正公诉机关对翟某信行为的定性，准确适用法律，量刑适当。

编写人：广西壮族自治区百色市德保县人民法院　黄兰

14

对不法侵害反击过当致人死亡构成故意伤害

——马某军故意伤害案

【案件基本信息】

1. 裁判书字号

湖北省利川市人民法院（2020）鄂2802刑初8号刑事判决书

2. 案由：故意伤害罪

【基本案情】

1996年7月27日8时许，马某军的妻子丁某碧因洒农药一事与被害人吴某宪及妻子赵某菊发生争吵，马某军闻讯后与同在修烤房的哥哥马某斌分别手持砖刀和扁担前往吴某宪家找吴某宪理论，其母亲杜某珍也跟随前往，此时吴某宪已被人喊走，马某军等人便与赵某菊发生争吵并发生抓扯，后马某军被张某洪、张某生劝开后准备返家，在离开吴某宪家100米处时，吴某宪手持扁担朝马某军肩部一扁担，马某军从马某斌手中抢过扁担朝吴某宪打去，吴某宪手中扁担被打掉在地，马某军扁担上的搭钩钩住吴某宪头部，致吴某宪受伤倒地，吴某宪双手抓住扁担，马某军又拉扯几下扁担未果后，又去帮正在与赵某菊发生抓扯的丁某碧。后吴某宪被送医治疗经抢救无效死亡。

经公安机关法医鉴定，吴某宪系因头部受到硬质工具打击致重型颅脑损伤、颅脑功能障碍而死亡。

公安机关于1996年7月27日对本案立案侦查，并于1997年4月15日决定对马某军刑事拘留，2020年4月1日对马某军进行网上追逃。

【案件焦点】

1. 本案是否已经过追诉时效；2. 本案是否为过失犯罪。

【法院裁判要旨】

湖北省利川市人民法院经审理认为：

1. 本案不受追诉期限的限制。根据《最高人民法院关于适用刑法时间效力规定若干问题的解释》第一条的规定，对于行为人1997年9月30日以前实施的犯罪行为，在人民检察院、公安机关、国家安全机关立案侦查或者在人民法院受理案件以后，行为人逃避侦查或者审判，超过追诉期限或者被害人在追诉期限内提出控告，人民法院、人民检察院、公安机关应当立案而不予立案，超过追诉期限的，是否追究行为人的刑事责任，适用修订前的刑法第七十七条的规定。因本案发生于1996年，是否追究行为人的刑事责任，应适用1979年《中华人民共和国刑法》第七十七条，即“在人民法院、人民检察院、公安机关采取强制措施以后，逃避侦查或者审判的，不受追诉期限的限制”。该规定中所谓的采取强制措施既适用于已经执行强制措施后逃避侦查或者审判的，也适用于人民法院、人民检察院、公安机关决定（批准）采取强制措施后，由于犯罪分子逃避而无法执行，以及犯罪分子在逃，经决定（批准）逮捕并发布通缉令后拒不到案的。公安机关于1996年7月27日决定对本案进行立案侦查，并于1997年4月15日决定对马某军刑事拘留，于2001年对马某军进行网上追逃。由于马某军在案发后，即逃走，并使用杜某的名字生活至2019年，致使对马某军的刑事拘留一直未能执行。综上，由于公安机关已对本案进行立案侦查，并已决定对马某军采取刑事拘留措施，而由于马某军逃避致使无法对其执行刑事拘留，故本案不受追诉期限的限制。

2. 关于本案是过失致人死亡还是故意伤害致人死亡的问题。二者在客观上都造成了被害人死亡的结果，主观上对死亡结果均出于过失，就本案而言，区分二者的关键是马某军在主观上有无伤害的故意。本案中，第一，马某军到吴某宪家中是带有与吴某宪发生斗殴的意图，在与赵某菊的争执结束后离开吴某宪的家，受到吴某宪用扁担连续的击打时，从马某斌手中抢过扁担对吴某宪进行反击，其反击吴某宪时带有对吴某宪造成伤害的故意；第二，吴某宪死亡的原因是马某军使用的扁担带有系软绳的搭钩钩进吴某宪头部，吴某宪的死亡与马某军的行为具有直接的关联性；第三，根据马某军使用的作案工具的特点分析，该扁担是系有软绳的搭钩，其在反击吴某宪时系在软绳上的搭钩钩进吴某宪的头部，可以认定马某军反击力度大，致使对吴某宪的伤害过重，导致吴某宪因重型颅脑损伤、颅脑功能障碍而死亡。由此可见，马某军在受到吴某宪的不法侵害时，对吴某宪进行反击，具有伤害吴某宪的故意；其行为致吴某宪死亡的后果明显超过必要限度，造成了重大损害的后果，属于防卫过当，其行为构成故意伤害罪。

马某军故意伤害他人，致一人死亡，其行为构成故意伤害罪。公诉机关指控的事实清楚，证据确实、充分，指控的罪名成立，本院予以支持。本案发生于 1996 年 7 月 27 日，1979 年《中华人民共和国刑法》对本案的处理轻于《中华人民共和国刑法》，故本案的定罪应适用 1979 年《中华人民共和国刑法》，根据从轻原则，马某军具有的法定情节已发生变化，应适用《中华人民共和国刑法》关于防卫过当及坦白的相关规定追究马某军的刑事责任。故马某军针对被害人的不法侵害采取的行为明显超过必要限度造成重大损害，属于防卫过当，应当减轻处罚。马某军归案后，如实供述自己的主要犯罪事实，系坦白，依法可以从轻处罚。本案系因邻里纠纷引起，案发后，马某军及其家属积极展开施救，马某军的家属积极支付医疗费和办理被害人的丧事，因此可以对马某军酌情从轻处罚。马某军的辩护人提出防卫过当应当减轻处罚，马某军事发后积极施救，被害人死亡后，马某军及其家属积极配合并支付丧葬费，可以从轻处罚的辩护意见，本院予以采纳；其余辩护意见，法院不予采纳。依照 1979 年《中华人民共和国刑法》第一百三十四条第二款，《中华人民共和国刑法》第十二条第一款、第二十条第二款、第六十七条第三款的规定，判决如下：

马某军犯故意伤害罪，判处有期徒刑六年三个月。

马某军未上诉，表示对判决服从。

【法官后语】

本案系针对不法侵害进行防卫，造成不法侵害人死亡的案件，此类案件在全国范围内并不少见。面对此类案件，既要维护公民正当防卫的权利，也要准确把握界限，防止不当认定，对于虽具有防卫性质，但防卫明显超过必要限度造成重大损害的，应当依法认定为防卫过当。

本案中，首先，从马某军还击使用的工具来看，该扁担是系有软绳的搭钩，其在反击吴某宪时系在软绳上的搭钩钩进吴某宪的头部，可以认定马某军反击力度较大。其次，从造成的结果看，搭钩钩进吴某宪头部，致使对吴某宪的伤害过重，导致吴某宪因重型颅脑损伤、颅脑功能障碍而死亡。因此，本案应当认定为防卫过当。

同时本案还涉及故意伤害致人死亡与过失致人死亡的区别。对于相类似的案件中，被告人往往提出自己对被害人死亡的后果是没有预料到的，自己处于过失状态。在司法实践中，要注意对二者进行准确地把握。因二者在客观上都造成了被害人死亡的结果，主观上对死亡结果均出于过失，故区别二者的关键在于看行为人主观上有无伤害的故意。过失致人死亡的行为人在主观上无致人死亡的故意，亦无伤害的故意。就本案而言，马某军对吴某宪的反击，其主观上持有伤害的故意，其伤害行为又直接导致了吴某宪死亡的后果。因此，马某军的行为不属于过失致人死亡。

本案的处理，法院考虑了本案案发的原因、事后行为人的态度、法律的规定。从案发原因来看，本案系因邻里纠纷引发。从事后行为人的态度表现来看，案发后，马某军及其家属积极展开施救，马某军的家属积极支付医疗费和办理被害人的丧事，但马某军因害怕追究责任，于案发当日送医后即外逃，并以杜某为名并办理身份证，生活直至被抓获。从法律的规定来看，本案案发于1996年，1979年刑法对故意伤害致人死亡的，处七年以上有期徒刑或者无期徒刑，1979年刑法轻于现行刑法。而根据从轻原则，马某军具有的法定情节已发生变化，应适用现行刑法关于防卫过当及坦白的相关规定追究马某军的刑事责任。

因此，法院对马某军致人死亡的行为，根据从旧兼从轻的原则，对马某军减轻处罚，以故意伤害罪判处其有期徒刑六年三个月，体现了对涉正当防卫案件界限的准确把握，量刑情节的全面考虑，实现了罪行相符，统一了法律效果与社会效果。

编写人：湖北省利川市人民法院　杨辉

15

“显著轻微的不法侵害”如何界定

——吴某威故意伤害案

【案件基本信息】

1. 裁判书字号

广西壮族自治区南宁市中级人民法院（2020）桂01刑终776号刑事判决书

2. 案由：故意伤害罪

【基本案情】

2020年1月17日23时许，被告人吴某威在某小区附近路边停车等待网约车平台派单时，适有被害人梁某饮酒后要求搭乘被告人吴某威的网约车，后双方因乘车问题发生争执。争执过程中，被害人梁某用拳头殴打和用脚踢踹被告人吴某威，被告人吴某威遂持汽车方向盘锁连续多次击打被害人梁某头部，造成被害人梁某急性开放性重型颅脑损伤、多发脑挫裂伤、左肱骨外髁骨折等多处损伤。经法医鉴定，被害人梁某的损伤程度为重伤二级。案发后，被告人吴某威主动报警。

【案件焦点】

1. 被害人的行为是否属于“显著轻微的不法侵害”；2. 被告人吴某威的行为应如何定性。

【法院裁判要旨】

广西壮族自治区南宁市江南区人民法院经审理认为：被告人吴某威故意伤害他人身体，致一人重伤二级，其行为已构成故意伤害罪，公诉机关指控成立。被告人吴某威主动报警，并在接到公安机关电话后在医院等待民警，归案后如实供述自己的罪行，是自首，对其减轻处罚。被害人梁某先挑起本案的事由并动手殴打吴某威，对本案的发生存在过错，对被告人吴某威酌情从轻处罚。

综上，依照《中华人民共和国刑法》第二百三十四条第二款、第六十七条第一款、第六十四条之规定，判决如下：

一、被告人吴某威犯故意伤害罪，判处有期徒刑二年六个月；

二、公安机关扣押的作案工具汽车方向盘锁一把，由公安机关依法处理。

吴某威持原审辩解提起上诉。广西壮族自治区南宁市中级人民法院经审理认为：吴某威持械故意伤害他人身体，致一人重伤二级，根据《中华人民共和国刑法》第二百三十四条第二款的规定，其行为构成故意伤害罪。吴某威作案后主动报警，接到公安机关电话后在医院等待民警前来处理，归案后能如实供述自己的罪行，是自首，依法可对其减轻处罚。鉴于被害人梁某与吴某威发生争执后先动手殴打吴某威，对本案的发生存在过错，可对吴某威酌情从轻处罚。经查，一审判决对吴某威具有自首情节，被害人梁某有过错的事实和量刑情节，均予以认定并在量刑时根据其犯罪的性质、情节及对社会的危害程度，对其减轻处罚判处有期徒刑二年六个月，量刑并无不当之处。原审判决认定事实清楚，证据确实、充分。定性准确，适用法律正确，量刑适当，审判程序合法，依法应予维持。

广西壮族自治区南宁市中级人民法院依照《中华人民共和国刑事诉讼法》第二百三十六条第一款第一项之规定，裁定：

驳回上诉，维持原判。

【法官后语】

本案处理重点主要在于被告人吴某威行为应该如何认定。2020年9月3

日，最高人民法院发布《最高人民法院、最高人民检察院、公安部关于依法适用正当防卫制度的指导意见》（以下简称《指导意见》）。《指导意见》第十条要求防止将滥用防卫权的行为认定为防卫行为，即“对于显著轻微的不法侵害，行为人在可以辨识的情况下，直接使用足以致人重伤或者死亡的方式进行制止的，不应认定为防卫行为”。

具体到本案中，一、二审法院都不认可被告人吴某威提出的其行为属于正当防卫或者防卫过当的辩解意见。被害人梁某与被告人吴某威有争执后，梁某有先动手打吴某威的行为，但梁某只是使用拳头击打，其侵害程度相对有限，且在案发现场，还有多个夜市摊点在摆摊营业，也有很多人员流动和车辆往来，吴某威面临的不法侵害并不紧迫和严重，其完全可以辨识。但吴某威随后用汽车方向盘锁持续多次打击梁某头部等人体重要部位，最终致被害人梁某重伤二级。吴某威在不具备实施正当防卫的前提条件及不具有防卫的紧迫性条件下，即持汽车方向盘锁和梁某互殴，并持汽车方向盘锁朝梁某的头部等人体重要部位连续击打致梁某重伤二级，其行为已超出了防卫的意图和意志，其目的已不是制止不法侵害，而是出于报复对梁某进行伤害，其行为已属故意伤害犯罪，依法应以故意伤害罪对其定罪处罚。故吴某威的行为不属于正当防卫。

值得注意的是，对于《指导意见》中的“显著轻微的不法侵害”如何界定？“显著轻微的不法侵害”也是对法益的侵害，与“不法侵害”的主要区别在于对法益的侵害程度有所不同，考虑到司法实践中不法侵害的复杂性，以“暴力”型不法侵害为例，“显著轻微的不法侵害”主要表现为未持械或凶器，直接使用身体对他人施以轻微暴力，如拳打、脚踢、掌掴等，对他人人身未造成伤害或仅造成显著轻微的伤害。同时对“显著轻微的不法侵害”实行防卫的急迫性和防卫手段应具体把握，亦即“行为人在可以辨识的情况下，直接使用足以致人重伤或者死亡的方式进行制止的”。而对于行为人的辨识情况以及防卫手段的具体裁判标准，需要法官结合具体个案情节予以评判。

编写人：广西壮族自治区南宁市江南区人民法院　韦杰玮　陶君婵

16

正当防卫行为是否明显超过必要限度的判断

——邱某某故意伤害案

【案件基本信息】

1. 裁判书字号

湖北省武汉市中级人民法院（2020）鄂01刑终610号刑事裁定书

2. 案由：故意伤害罪

【基本案情】

被告人邱某某与张甲案发时系夫妻关系，二人于2010年2月28日生育一子张乙，其右耳系先天性耳畸形伴听力损害。2018年4月、9月和2019年5月，张乙三次入院进行手术治疗，取自体肋软骨重建右耳廓，于2019年6月5日出院。

邱某某与张甲常因家庭琐事发生吵打，案发前处于分居状态。2019年7月2日晚，二人多次在两处房屋内为离婚问题发生争执纠缠，并约定次日办理离婚手续。7月3日凌晨1时许，张甲来到邱某某与张乙居住的房屋，并采取打电话、敲门、用小石子砸窗户等方式欲进入室内，邱某某均未开门和回应。邱某某报警后，出警警察始终未能找到事发地点，遂对张甲电话劝说警告。邱某某又向张甲之母打电话求助均无果后，邱某某从厨房取出一把单刃水果刀藏在手中并打开大门，张甲进屋后即对邱某某进行辱骂、殴打，并将邱某某逼入卧室，打其耳光。邱某某被打后未立即持刀反抗，顺势将水果刀藏在床头。张乙见母亲被打，遂持玩具金箍棒打张甲背部，张甲随即一手将张乙按在床上，用腿跪压住其双腿，同时用右手握拳击打张乙的臀部。邱某某为防止张乙术耳受损，便徒手上前制止，制止无果后拿起床头的水果刀向张甲背部连刺三刀，其中两刀刺入胸腔。张甲受伤后，邱某某立即骑电动车将张甲送至医院救治，张甲住院治疗12天后出院。经法医鉴定，张甲损伤程度为重伤二级。

同年8月27日，邱某某与张甲办理了离婚登记，邱某某放弃其全部财产权利作为对张甲的赔偿，张甲出具谅解书，请求对邱某某免予刑事处罚。

【案件焦点】

被告人邱某某的正当防卫行为是否明显超过必要限度造成重大损害。

【法院裁判要旨】

湖北省武汉市新洲区人民法院经审理认为：认定防卫行为是否“明显超过必要限度”，应当以足以制止并使防卫人免受家庭暴力不法侵害的需要为标准，根据防卫人所处的环境、面临的危险程度、采取的制止暴力的手段、施暴人正在实施家庭暴力的严重程度、造成施暴人重大损害的程度以及既往家庭暴力史等进行综合判断。

判断邱某某的防卫行为是否明显超过必要限度，应当充分体谅一位母亲为保护儿子免受伤害的急迫心情，还应当充分考虑邱某某在当时紧张焦虑状态下的正常应激反应和张乙身体的特殊状况。张甲受伤停止殴打张乙后，邱某某亦立即停止了对其扎刺，此时不能以事后冷静的旁观者的立场，苛求防卫人“手段对等”，要求防卫人在孤立无援、高度紧张的情形之下作出客观冷静、理智准确的反应，实施刚好制止不法侵害的行为。亦不能陷入“唯结果论”的误区，根据查明的全部客观事实进行事后判断，特别是不能以致人重伤的防卫后果来逆推防卫行为是否过当，要设身处地对事发起因、不法侵害可能造成的后果、当时的客观情境等因素进行综合判断，适当作出有利于防卫人的考量和认定。

综上，应认定邱某某的正当防卫行为未超过必要限度，不负刑事责任。

湖北省武汉市新洲区人民法院依照《中华人民共和国刑法》第二十条第一款以及《中华人民共和国刑事诉讼法》第二百条之规定，作出如下判决：

被告人邱某某无罪。

湖北省武汉市新洲区人民检察院不服，提出抗诉。湖北省武汉市中级人民法院经审理认为：原审法院作出无罪判决，定性准确、审判程序合法。湖北省武汉市人民检察院以抗诉不当为由申请撤回抗诉，符合法律规定，依法应予准许。

湖北省武汉市中级人民法院依照《中华人民共和国刑事诉讼法》第二百三十六条第一款第一项的规定，裁定：

准许湖北省武汉市人民检察院撤回抗诉。

【法官后语】

首先，正当防卫是法律赋予公民的一项权利，为了使本人或者他人的人身权利免受不法侵害，对正在进行的家庭暴力采取制止行为，只要符合刑法规定的条件，就应当依法认定为正当防卫，不负刑事责任。本案中，被告人邱某某因婚姻纠纷在分居期间受其丈夫张甲的纠缠滋扰直至凌晨时分，自己和其子张乙先后遭张甲殴打。为防止张乙手术不足一个月的再造耳廓受损，邱某某在徒手制止张甲未果的情形下，持水果刀向其背部连刺三刀的行为符合正当防卫的起因、时间、主观、对象等条件，其行为应当得到法律的支持，依法认定为正当防卫。对“必要限度”的认定应以制止不法侵害、保护法益所必需为标准，通过全面分析案情来判断。认定邱某某防卫行为没有超过必要限度，综合了防卫人邱某某所处的环境、遭受暴力的严重程度、制止暴力的手段、造成施暴人损害的程度以及既往家暴史等因素。

其次，依法判决邱某某无罪，具有一定的典型意义。本案最大限度地维护了妇女、儿童的合法权益。尊重妇女，保护妇女，是文明社会、和谐社会应有的道德风尚和行为规范，也是衡量一个社会文明进步的重要标志。张甲身为丈夫、父亲，理应维护家庭和睦，爱护家人、慈爱子女，但其家暴行为给妻子、孩子都带来了不可磨灭的伤害。就本案而言，关乎的不仅仅是邱某某是否要接受法律的惩罚，更关系到一个孩子的健康成长。如若对邱某某判处刑罚，其子张乙将面临的不仅仅是家庭解体所带来的伤害，还有可能再次遭受父亲的暴力，成长历程中还要背负母亲是罪犯的阴影，将会严重影响一个九岁儿童的身心健康和快乐成长。依法判决邱某某无罪，不仅维护了邱某某的合法权益，更是为了守护张乙的健康成长。同时，引导广大人民群众遵法、学法、守法、用法，充分发挥司法裁判的引导、规范、预防与教育功能，倡导两性平等、相互尊重的文化氛围，维护和睦、文明的家庭关系。

任何施暴行为都该被制止和反抗，即便是家庭内部的暴力，被害人也不必低人一等、忍辱负重。依法判决被告人邱某某无罪，既彰显了法律的公平正义，又体现出了司法的温度，还有利于强化“正能胜邪，邪不压正”的社会风气，切实鼓励人们依法行使正当防卫权利，让弱者敢于说不，推动形成反家暴的良好社会氛围。

编写人：湖北省武汉市新洲区人民法院　黄雁斌

17

以防卫为名行不法侵害之实的违法犯罪行为，不应认定为防卫行为

——蒋某鸿故意伤害案

【案件基本信息】

1. 裁判书字号

新疆维吾尔自治区高级人民法院伊犁哈萨克自治州分院（2020）新40刑终208号刑事裁定书

2. 案由：故意伤害罪

【基本案情】

2015年9月28日，上诉人蒋某鸿购买某置业公司20套商品房从事宾馆经

营，后双方产生经济纠纷。2018年4月，某置业公司派人将蒋某鸿经营的公寓大门锁住，后又派申某某对该房屋断电。2018年5月2日，某置业公司的何某某酒后带申某某到该公寓，看到有灯光便上楼查看，到二楼后何某某对206房间的戴某某进行辱骂，随后蒋某鸿进入房间与何某某争吵，何某某让申某某去断电，蒋某鸿进行阻拦，申某某将其推了一把，两人开始互殴，蒋某鸿用拳头朝申某某面部击打，何某某见状逃离，戴某某报警，申某某面部眉骨处受伤流血向外逃出，并顺手抄起一把拖把向门内挥舞后丢弃，随后蒋某鸿与戴某某、周某某三人追出公寓，申某某跑至楼外草坪处摔倒，蒋某鸿追上前对申某某头面部进行殴打，戴某某将蒋某鸿拉开上楼。申某某被送往医院诊治。经鉴定，申某某面部眶壁、鼻骨、颧骨三处骨折，损伤程度均为轻伤二级，面部软组织损伤为轻微伤。

二审审理期间，经本院主持调解，上诉人蒋某鸿与被害人申某某就附带民事诉讼赔偿部分达成协议，蒋某鸿一次性向申某某赔偿4万元。

【案件焦点】

1. 附带民事部分与刑事部分分开审理是否违反诉讼程序；2. 蒋某鸿的行为是否构成正当防卫；3. 对蒋某鸿能否适用缓刑。

【法院裁判要旨】

新疆维吾尔自治区霍尔果斯市人民法院经审理认为：蒋某鸿犯故意伤害罪，判处：

有期徒刑一年，缓刑二年，赔偿申某某经济损失27408.9元。

宣判后，新疆维吾尔自治区霍尔果斯市人民检察院提出抗诉，被告人蒋某鸿及原审附带民事诉讼原告人申某某均不服，提出上诉。新疆维吾尔自治区高级人民法院伊犁州分院经审理认为：（1）关于程序问题。原审法院将本案刑事部分与附带民事部分在同一天上、下午开庭审理，之后一并作出刑事附带民事判决书，属于刑诉法及司法解释规定的“一并审判”。并无剥夺或者限制当事人法定诉讼权利的情形，不违反法定程序；（2）关于是否成立正当防卫。本案被害人申某某与醉酒的何某某深夜到蒋某鸿住处滋事引发双方冲突互殴，不法侵害虽系被害人过错引发，但蒋某鸿在可以使用其他手段避免侵害的情况下，仍故意使用足以致人重伤的方式还击的，实则以防卫为名行不法侵害之实的违法犯罪行为，不应认定为防卫行为。成立正当防卫，首先要以存在正在进行的不法侵害为前提。本案中，何某某酒后与申某某上楼的目的是查看灯亮的原因，并未携带工具等。房间的门是开着的，二人无强行闯入的行为。双方引发争吵属于一般的口角之争，并未存在对他人人身、财产实施带有攻击性的侵害行为。蒋某鸿继而与被害人徒手互殴，属于一般争吵中的轻微肢体冲突。蒋某鸿在房间内将申某某面部打伤后，何某某亦离开，此时蒋某鸿朋友戴某某、周某某也在一旁劝阻，故无论是从人数还是体能上，申某某均处于劣势，其面部受伤随即跑出楼外。蒋某鸿明知戴某某已报警，不等待警察到场处理，仍然追出去再次对被害人进行殴打，并造成被害人面部三处骨折的轻伤后果，足见其主观并非出于防卫意图，而是积极追求对方身体伤害的攻击行为，具有明显的伤害故意。(3) 关于适用缓刑问题。二审期间，被告人与被害人就附带民事部分达成调解，赔偿损失，具有一定悔罪表现。审理刑事附带民事诉讼案件，人民法院应当结合被告人赔偿被害人物质损失的情况认定其悔罪表现，并在量刑时予以考虑。对于被处三年以下有期徒刑、拘役的犯罪分子，犯罪情节较轻、有悔罪表现、没有再犯罪的危险、宣告缓刑对所居住社区没有重大不良影响的，可以宣告缓刑。裁定：

驳回新疆维吾尔自治区霍尔果斯市人民检察院的抗诉；驳回上诉人蒋某鸿的上诉；维持原判刑事部分判决。

【法官后语】

二审法院结合具体案情，综合考虑案件发生的整体经过，立足防卫时的具体情境，结合一般人在类似情境下的可能反应，依法准确把握防卫的时间、环境、限度等条件，作出了认定。本案对于进一步正确把握正当防卫的成立条件具有指导和参考意义。

第一，从起因上看，被害人所在公司与被告人之间存在民事纠纷。案发当日，被害人上楼的目的是查看灯亮的原因，未携带工具等上门，并无强行入室等侵害行为。

第二，从时间上看，不存在对人身、财产和其他权利正在进行的不法侵害行为。本案中，无论是在楼内、楼外，蒋某鸿对被害人殴打的行为，并不具备正当防卫所要求的针对不法侵害“正在进行”的时间要求。

第三，从对象和限度上看。被害人面部被打伤后逃离，并摔倒在地，在场人员有劝阻被告人，可见被害人并不具有攻击性，被告人并不存在防卫对象。本案虽系被害人过错引发，但徒手互殴中的轻微肢体冲突，行为人在可以辨识，亦可以避免侵害的情况下，仍故意使用足以致人伤害的方式还击的，实则以防卫为名行不法侵害之实的违法犯罪行为，不应认定为防卫行为。

第四，从主观上看。根据《最高人民法院、最高人民检察院、公安部关于依法适用正当防卫制度的指导意见》第九条的规定，准确界分防卫行为与相互斗殴。要坚持主客观相统一原则，通过综合考量案发起因、对冲突升级是否有过错、是否使用或者准备使用凶器、是否采用明显不相当的暴力、是否纠集他人参与打斗等客观情节，准确判断行为人的主观意图和行为性质。本案中，蒋某鸿因口角之争而与被害人发生互殴，其主观目的系出于攻击及伤害的目的，不是为了制止不法侵害。

第五，从刑罚上体现罪责相适应。本案中，被害人对引发事件具有过错，二审期间，双方调解并赔偿损失，蒋某鸿具有悔罪表现。依法应从轻处罚。综合上述情节，对其宣告缓刑符合宽严相济刑事政策，更有利于化解社会矛盾。

依法准确适用正当防卫制度，既要充分考虑防卫人面临不法侵害时的紧迫状态和紧张心理，防止在事后以正常情况下冷静理性、客观精确的标准去评判防卫人，也要切实防止“谁能闹谁有理”“谁死伤谁有理”的错误做法，坚决捍卫“法不能向不法让步”的法治精神。查明前因后果，分清是非曲直，确保案件处理于法有据、于理应当、于情相容，符合人民群众的公平正义观念，实现法律效果与社会效果的有机统一。

编写人：新疆维吾尔自治区高级人民法院伊犁哈萨克自治州分院　来瑜玫

18

正当防卫中不法侵害人仍有继续实施侵害的现实可能性的认定

——徐某某、安某故意伤害案

【案件基本信息】

1. 裁判书字号

新疆生产建设兵团第八师中级人民法院（2021）兵08刑终7号刑事裁定书

2. 案由：故意伤害罪

【基本案情】

2019年9月20日22时许，被告人徐某某酒后欲在某职工之家跳舞，被告人徐某某妻子陈某见状请求被告人安某送被告人徐某某回家。被告人安某将被告人徐某某送回家之后，被告人徐某某因琐事持木凳击打被告人安某右侧胳膊，被告人安某离开徐某某房中。被告人安某在离开被告人徐某某家的过程中看到被告人徐某某殴打其妻子陈某，遂上前拉架。拉开后被告人安某准备骑车离开，被告人徐某某手持铁锹将被告人安某右侧额头砍伤，被告人安某将被告人徐某某手中所持铁锹夺下，后又将被告人徐某某扯倒在地，骑在被告人徐某某身上，使用左拳击打被告人徐某某右侧脸面部。被告人安某打电话报警。经鉴定，被告人安某损伤程度评定为轻伤二级；被告人徐某某损伤程度评定为轻伤二级。

【案件焦点】

被告人安某的行为是否符合正当防卫的构成要件，不构成故意伤害犯罪。

【法院裁判要旨】

新疆生产建设兵团下野地垦区人民法院经审理认为：被告人徐某某酒后故意持铁锹砍伤被告人安某右前额，造成被告人安某轻伤二级的损害后果，其行为已构成故意伤害罪。公诉机关指控被告人徐某某的犯罪事实清楚、证据确实、充分，指控罪名成立，本院予以确认。

被告人安某在被告人徐某某持铁锹砍伤右前额后对被告人徐某某实施殴打行为，系对被告人徐某某的不法侵害行为实施的防卫行为，构成正当防卫，故对公诉机关指控被告人安某构成故意伤害罪的指控，法院不予认定。

关于被告人安某的辩护人提出的“被告人安某的行为系正当防卫，不构成故意伤害罪”的辩护意见，经审理查明，被告人安某在被被告人徐某某持铁锹砍伤右前额后对被告人徐某某实施殴打行为，系对被告人徐某某的不法侵害行为实施的防卫行为，其行为符合正当防卫的构成要件，故对被告人安某的辩护人提出的该项辩护意见，法院予以采纳。

新疆生产建设兵团下野地垦区人民法院依照《中华人民共和国刑法》第二百三十四条第一款、第二十条第一款、第六十七条第一款、第六十四条，《中华人民共和国刑事诉讼法》第十五条之规定，作出如下判决：

一、被告人徐某某犯故意伤害罪，判处有期徒刑七个月；

二、被告人安某无罪；

三、作案工具——铁锹一把，依法予以没收。

被告人徐某某不服提起上诉。新疆生产建设兵团第八师中级人民法院经审理认为：徐某某持铁锹故意伤害安某致其轻伤二级，徐某某的行为构成故意伤害罪。一审认定安某在被徐某某持铁锹砍伤右前额后对其实施殴打行为，符合正当防卫的构成要件，并宣告其无罪的判决，符合事实和法律，法院无异议。原判认定事实清楚，证据确实、充分，定罪准确，量刑适当，程序合法，应予维持。

新疆生产建设兵团第八师中级人民法院依照《中华人民共和国刑事诉讼法》第二百三十六条第一款第一项的规定，裁定：

驳回上诉，维持原判。

【法官后语】

正当防卫，是指为了使国家、公共利益、本人或者他人的人身、财产和其他权利免受正在进行的不法侵害，而对实施不法侵害的人所采取的必要的防卫行为。依法准确运用正当防卫，有效鼓励见义勇为，弘扬社会正气，维护公平正义。2020 年 8 月，《最高人民法院、最高人民检察院、公安部关于依法适用正当防卫制度的指导意见》，为司法机关严格公正办案，准确理解和把握正当防卫司法实践提供法律依据。

本案中，侵害人徐某某酒后持铁锹故意伤害安某，致安某右前额受伤，安某将徐某某手中铁锹夺下，又将徐某某扯倒在地，骑在徐某某身上对徐某某实施殴打，安某的行为符合“不法侵害虽然暂时中断或者被暂时制止，但不法侵害人仍有继续实施侵害的现实可能性”，应当认定不法侵害仍在进行的情形，其行为构成正当防卫。正当防卫只能对正在进行的不法侵害行为实施，这是正当防卫的时机条件，即已经着手实行的不法侵害，而不是尚未开始或者已经结束的不法侵害。不法侵害的结束是指不法侵害行为已经停止而不再继续进行。对于不法侵害是否已经结束，应当充分考虑防卫人在防卫时所处的情境，按照社会公众的一般认知，作出合乎情理的判断。不法侵害人已经被制服或者失去继续侵害的能力，能够直接判断不法侵害危险排除，防卫行为也应停止。不法侵害人言明“停止”、放弃作案工具、报警等直观判断不法侵害危险不复存在，也不应再进行防卫。但对不法侵害人是否真正中止放弃侵害，外在行为表现不明情形，防卫人一时难以判断，又实施防卫行为，一般不宜追究防卫人刑事责任。不法侵害人尚未完全被制服、暂时制止不法侵害，但不法侵害人仍有反抗行为，防卫人又实施防卫行为，应当认定不法侵害尚未结束。本案不法侵害人徐某某持械侵害安某，被安某夺去凶器按倒在地，徐某某故意伤害行为被暂时制止，此时徐某某被压在地上仍然挣扎反抗，可以认定正当防卫中不法侵害人仍有继续实施侵害的现实可能性，安某对徐某某实施殴打行为是为了使本人的人身权利免受再次不法侵害，是必要的防卫行为，其行为构成正当防卫，一、二审法院判决安某无罪是正确的。还有防卫人因恐慌、紧张等心理，对不法侵害是否已经结束产生错误认识，应当根据具体案情，分析客观行为与主观意愿等因素，依法审慎稳妥处置。

编写人：新疆生产建设兵团下野地垦区人民法院　田生军

19

对于刑事自诉案件的受理审查分析

——付某顺故意伤害案

【案件基本信息】

1. 裁判书字号

湖南省岳阳市君山区人民法院（2020）湘0611刑初26号刑事裁定书

2. 案由：故意伤害罪

【基本案情】

2019年10月5日，吴某国在岳阳监狱五监区生产车间放风场休息时，付某顺无故冲过来狠狠推撞吴某国。吴某国询问其为何推撞自己并与其理论，但付某顺仍指着吴某国的鼻子辱骂，吴某国用手拨开付某顺指着吴某国鼻子的手后，付某顺挥拳朝吴某国的头部打了五六拳。自诉人吴某国认为，被告人付某顺故意伤害自诉人，于2020年3月12日向本院提起控诉，请求本院依法追究被告人付某顺犯故意伤害罪的刑事责任，未向本院提供相关证据。同日，吴某国向本院申请调取证据，即存放于岳阳监狱的伤情照片等书证，证人证言，监控录像，岳阳监狱有关部门对吴某国、付某顺的调查笔录。

【案件焦点】

1. 自诉人吴某国向本院提起刑事自诉是否符合法律规定条件，是否是自诉案件受理范围；2. 自诉人吴某国向人民法院申请调取证据是否有法律依据；3. 自诉人吴某国对于人民法院裁定不予受理案件后是否有救济途径。

【法院裁判要旨】

湖南省岳阳市君山区人民法院经审理认为：依据《最高人民法院关于适用中华人民共和国刑事诉讼法的解释》（以下简称《刑事诉讼法司法解释》）第二百五十九条（四）项规定“人民法院受理自诉案件必须符合下列条件：有证明被告人犯罪事实的证据”，自诉人吴某国起诉付某顺犯故意伤害罪，自诉人对此并未提交证明付某顺有故意伤害行为、造成伤害后果的证据。依据《中华人民共和国刑事诉讼法》（以下简称《刑事诉讼法》）第二百一十条（二）项“自诉案件包括被害人有证据证明的轻微刑事案件”及《最高人民法院关于适用中华人民共和国刑事诉讼法的解释》第一条第二项“人民检察院没有提起公诉，被害人有证据证明的轻微刑事案件”的规定，故自诉人吴某国提起的刑事自诉无证明被告人犯罪事实的证据，不符合人民法院受理自诉案件的条件。本院向自诉人吴某国再三释明，但吴某国仍坚持提起刑事自诉，故本院依法不予受理。

【法官后语】

本案案情虽然不复杂，但从本院近十年来的自诉案件审理情况来看，具有一定代表性，且本案与大多数自诉案件一样，自诉人具有缠诉、情绪激动，但又没有足以立案的相关证据的特点。因此，如何正确审查、处理本案，对于本院后续自诉案件的立案、审理具有一定的意义。一般而言，自诉案件是与公诉案件相对的一类案件，即自诉人提起自诉的案件，是指法律规定的被害人或其法定代理人、近亲属为追究被告人的刑事责任，依法直接向人民法院提起诉讼，要求追究被告人刑事责任，并由人民法院直接受理的刑事案件。

本案中，自诉人吴某国因在服刑期间与他人发生纠纷，认为自己受伤，应追究付某顺的刑事责任，且在监狱等部门没有受理其诉求的情况下，多次到本院要求立案。在本案的审查过程中，由于本案最终不符合立案的条件，法院不予受理。作出不予受理裁定后，如何向自诉人释明，并且达到好的效果，引导自诉人正确、依法解决纠纷等后续问题处理，对于让自诉人最终息诉息访，深度化解矛盾纠纷就显得尤为重要。笔者尝试就自诉案件的立案审理问题，从以下几个方面进行阐述，以期对于自诉案件的处理有所裨益。

1. 对于自诉案件立案审查的相关法律规定梳理（如下表所示）

1979年施行的《中华人民共和国刑事诉讼法》	现行《中华人民共和国刑事诉讼法》	《最高人民法院关于适用中华人民共和国刑事诉讼法的解释》
第十三条第一款规定，“告诉才处理和其他不需要进行侦查的轻微的刑事案件，由人民法院直接受理，并可以进行调解。”	第二百一十条规定，“自诉案件包括下列案件：（一）告诉才处理的案件；（二）被害人有证据证明的轻微刑事案件；（三）被害人有证据证明对被告人侵犯自己人身、财产权利的行为应当依法追究刑事责任，而公安机关或者人民检察院不予追究被告人刑事责任的案件。” 第二百一十一条规定，“人民法院对于自诉案件进行审查后，按照下列情形分别处理：（一）犯罪事实清楚，有足够证据的案件，应当开庭审判；（二）缺乏罪证的自诉案件，如果自诉人提不出补充证据，应当说服自诉人撤回自诉，或者裁定驳回。自诉人经两次依法传唤，无正当理由拒不到庭的，或者未经法庭许可中途退庭的，按撤诉处理。法庭审理过程中，审判人员对证据有疑问，需要调查核实的，适用本法第一百九十六条的规定。”	第二百五十九条规定，“人民法院受理自诉案件必须符合下列条件：（一）符合刑事诉讼法第二百零四条、本解释第一条的规定；（二）属于本院管辖；（三）被害人告诉；（四）有明确的被告人、具体的诉讼请求和证明被告人犯罪事实的证据。” 第二百六十条规定，“本解释第一条规定的案件，如果被害人死亡、丧失行为能力或者因受强制、威吓等无法告诉，或者是限制行为能力人以及因年老、患病、盲、聋、哑等不能亲自告诉，其法定代理人、近亲属告诉或者代为告诉的，人民法院应当依法受理。被害人的法定代理人、近亲属告诉或者代为告诉，应当提供与被害人关系的证明和被害人不能亲自告诉的原因的证明。”

根据上述规定，笔者总结自诉案件的受理条件为：(1) 符合刑事诉讼法第二百一十条的规定。其中，告诉才处理的案件指侮辱、诽谤案（但严重危害社会秩序和国家利益的除外）、暴力干涉婚姻自由案、虐待案、侵占案。被害人有证据证明的轻微刑事案件指故意伤害案、非法侵入住宅案、侵犯通信自由案、重婚案、遗弃案、生产、销售伪劣商品案（严重危害社会秩序和国家利益的除外）、侵犯知识产权案（严重危害社会秩序和国家利益的除外）以及刑法分则第四章、第五章规定的，对被告人可能判处三年有期徒刑以下刑罚的案件。(2) 案件依法属于受理法院管辖。(3) 被害人告诉。

从以上法律规定还可以看到，对于自诉案件受理范围从1979年刑事诉讼法到现行刑诉法，有一个从范围小到大的趋势，并且是扩大幅度较大。根据《最高人民法院关于审理拒不执行判决、裁定刑事案件适用法律若干问题的解释》第三条的规定，拒不执行判决裁定案件达到一定的条件可以提起自诉，因此，自诉案件的审理显得尤为重要。

对于自诉案件的审查，《刑事诉讼法》第二百一十一条亦作了详细规定，首先，明确了人民法院应在十五内审查完毕。其次，经审查符合受理条件，应当决定立案，并书面通知自诉人或者代为告诉人。最后，具有下列情形之一的，应当说服自诉人撤回起诉；自诉人不撤回起诉的，裁定不予受理：（一）不属于本解释第一条规定的案件的，即不属于自诉案件范围；（二）缺乏罪证，实务中认为缺乏罪证分为没有证据与证据不充分，不足以定罪；（三）犯罪已过追诉时效期限的；（四）被告人死亡的；（五）被告人下落不明的；（六）除因证据不足而撤诉的以外，自诉人撤诉后，就同一事实又告诉的；（七）经人民法院调解结案后，自诉人反悔，就同一事实再行告诉的。

综上，相较于1979年刑诉法，现行刑事诉讼法及相关司法解释对于自诉案件的立案审理无论是从受案范围、管辖还是具体的审查程序都作了详细具体的规定。人民法院受理自诉案件必须满足：(1) 属于人民法院受案范围；(2) 属于受案人民法院管辖；(3) 被害人告诉或其法定代理人、近亲属告诉或者代为告诉；(4) 有明确的被告人、具体诉讼请求和证明被告人犯罪事实的证据。以上四个条件，第四个条件中的犯罪事实的证据，即罪证的审理，是在审判实践中困惑最多的一个问题。首先，对于自诉人向法院提交的罪证，法院是做形式上的审查还是实质审查是审查自诉案件必须先解决的问题，一般而言，在立案审查时，可仅对于罪证做形式上的审查，毕竟还有立案后的开庭审理来对于罪证做实质上的审查，但是对于构成立案条件的罪证，笔者认为可以做实质审查，从而考虑是否立案，对于节约诉讼成本，节约司法资源具有一定的意义。

2. 本案中吴某国提起自诉时提供的相关证据情况

自诉人吴某国向本院提起自诉，向本院依法递交了刑事自诉状，仅提交了自诉人吴某国的居民身份证复印件证据。经审查，(1) 自诉人吴某国指控被告人付某顺故意伤害犯罪事实系发生于湖南省岳阳监狱，依法属于本院管辖。(2) 自诉人吴某国系涉案故意伤害事实的被害人，属于被害人告诉。(3) 有明确的被告人及具体的诉讼请求。(4) 自诉人吴某国依法应当向本院提交证明被告人付某顺有犯罪事实的证据，即应当提交付某顺有故意伤害吴某国犯罪行为的证据，以及造成吴某国轻伤以上的鉴定意见。对于故意伤害犯罪，行为人故意实施伤害他人的行为，并造成了轻伤以上的危害后果，构成故意伤害罪。对伤情的鉴定，自2014年1月1日起，统一适用《人体损伤程度鉴定标准》。然而吴某国未提交证明被告人付某顺有故意伤害行为、造成伤害后果的证据即伤情鉴定，故自诉人吴某国提起的刑事自诉无证明被告人犯罪事实的证据。(5) 不属于人民法院自诉案件受案范围。综上，自诉人吴某国向本院提起自诉不符合人民法院受理自诉案件的条件。本院说服自诉人吴某国撤回起诉，但吴某国仍坚持提起刑事自诉，故本院依法不予受理。

3. 自诉人向人民法院申请调取证据是否有法律依据

《刑事诉讼法司法解释》第二百六十八条规定，“自诉案件当事人因客观原因不能取得的证据，申请人民法院调取的，应当说明理由，并提供相关线索或者材料。人民法院认为有必要的，应当及时调取。”可以看出，人民法院受理自诉案件要求必须有证明被告人犯罪事实的证据，故自诉人提起自诉时要有证明犯罪事实的证据，如果缺乏罪证，将不予受理或裁定驳回。通常，自诉人在提起自诉时，能够提交罪证，但特定情况下，存在有些证据当事人因客观原因不能调取，需要借助公权力。从刑事诉讼法及相关的法律及司法解释的规定来看，自诉案件当事人向法院申请调取证据的权利的法律规定不断在完善。1998年施行的《最高人民法院关于执行中华人民共和国刑事诉讼法若干问题的解释》第一百九十五条规定，人民法院受理自诉案件后，对当事人因客观原因不能取得并提供有关证据而申请人民法院调取证据，人民法院认为有必要的，可以依法调取。可见，自诉人申请证据调取权利在立案后才能享有，但因有些证据因客观原因自诉人不能调取便已不符合自诉案件受理条件，自然无法享有立案后申请证据调取权利。最高人民法院、最高人民检察院、公安部于2011年印发的《关于办理侵犯知识产权刑事案件适用法律若干问题的意见》的通知第四部分规定，人民法院依法受理侵犯知识产权刑事自诉案件，对于当事人因客观原因不能取得的证据，在提起自诉时能够提供有关线索，申请人民法院调取的，人民法院应当依法调取。因此，现行刑事诉讼法的司法解释在1998年刑诉法司法解释的基础上结合了《关于办理侵犯知识产权刑事案件适用法律若干问题的意见》的相关规定，删除了“人民法院受理自诉案件后”，即自诉人在提起自诉时就可以申请人民法院调取有关证据。相对公安机关、人民检察院、人民法院，自诉人的取证能力薄弱，从有利于自诉人的角度来解读，此次删改应理解为当事人申请证据调取权不再限于受理自诉案件后，即当事人在提起自诉时就可以申请调取因客观原因不能取得的证据，使得自诉人的合法权益得到更好的保障。

自诉人吴某国在提起自诉时，向本院申请调取证据，请求法院依法调取岳阳监狱五监区保留的付某顺故意伤害吴某国一案的证据材料。自诉人吴某国称，在案件发生后，岳阳监狱五监区将涉案证据材料存放于五监区，吴某国无法调取，但有伤情照片等书证，证人证言，监控录像，岳阳监狱有关部门对吴某国、付某顺的调查笔录。自诉人吴某国还称，在涉案事实发生后，未能及时就自己因付某顺故意伤害所受的伤情做司法鉴定。从自诉人吴某国的陈述来看，根据其所述暂有涉案材料，并没有造成轻伤以上的罪证，申请调取的证据不足以证明被告人付某顺有故意伤害行为，致自诉人吴某国轻伤以上。

4. 自诉人对于人民法院不予受理案件后的救济途径

《中华人民共和国监狱法》第二十二条规定，对罪犯提出的控告、检举材料，监狱应当及时处理或者转送公安机关或者人民检察院处理，公安机关或者人民检察院应当将处理结果通知监狱。第二十三条规定，罪犯的申诉、控告、检举材料，监狱应当及时转递，不得扣押。第六十条规定，对罪犯在监狱内犯罪的案件，由监狱进行侦查。侦查终结后，写出起诉意见书，连同案卷材料、证据一并移送人民检察院。因此，罪犯在监狱内犯罪的案件，应由监狱侦查部门受理，进行立案、侦查，并移送起诉。

刑事诉讼法第一百一十二条规定，人民法院、人民检察院或者公安机关对于报案、控告、举报和自首的材料，应当按照管辖范围，迅速进行审查，认为有犯罪事实需要追究刑事责任的时候，应当立案；认为没有犯罪事实，或者犯罪事实显著轻微，不需要追究刑事责任的时候，不予立案，并且将不立案的原因通知控告人。控告人如果不服，可以申请复议。第一百一十三条规定，人民检察院认为公安机关对应当立案侦查的案件而不立案侦查的，或者被害人认为公安机关对应当立案侦查的案件而不立案侦查，向人民检察院提出的，人民检察院应当要求公安机关说明不立案的理由。人民检察院认为公安机关不立案理由不能成立的，应当通知公安机关，公安机关接到通知后应当立案。《最高人民检察院、公安部关于刑事立案监督有关问题的规定（试行）》对于刑事立案监督亦有详细规定。刑事立案监督的任务是确保依法立案，防止和纠正有案不立和违法立案，法律对于刑事立案监督已有明确规定，被害人认为侦查机关对应当立案侦查的案件而不立案侦查，可以申请复议或者向人民检察院提出，以此寻求救济。

从案件本身来看，本案系罪犯付某顺在岳阳监狱内服刑时，涉嫌犯新罪的案件，依法应由岳阳监狱狱内侦查部门行使侦查权，进行立案、侦查，若付某顺涉嫌犯新罪，则在侦查终结后，依法写出起诉意见书，连同案卷材料、证据一并移送岳阳市荆剑地区人民检察院审查起诉。故自诉人吴某国在涉案故意伤害事实发生后，依法应向岳阳监狱控告，监狱侦查部门应当接受，认为有犯罪事实需要追究刑事责任的，应当立案；若认为没有犯罪事实，或者犯罪事实显著轻微，不需要追究刑事责任的，不予立案的，并应当向控告人吴某国说明不予立案的理由。控告人吴某国如果不服，可以申请复议，或者向岳阳市荆剑地区人民检察院提出，由荆剑地区人民检察院进行审查、立案监督，若经审查没有犯罪事实发生，或者犯罪情节显著轻微不需要追究刑事责任，或者具有其他依法不追究刑事责任情形的，应及时答复控诉人吴某国；若有犯罪事实需要追究刑事责任，且监狱侦查部门已作出不立案决定的，应当要求监狱侦查部门书面说明不立案的理由，监狱侦查部门在七日以内作出书面说明，连同有关证据材料复印件一同回复，荆剑地区人民检察院若认为不立案理由不成立的，应当通知监狱侦查部门立案，监狱侦查部门应当在收到《通知立案书》后十五日以内决定立案。因此，本院在对于该案裁定不予受理后，自诉人吴某国可向监狱侦查部门或向人民检察院请求追究被告人刑事责任，维护自己的权利。

编写人：湖南省岳阳市君山区人民法院　王文君　李雪沁

（四）强奸罪

20

二人共谋强奸，一人得逞是否构成轮奸

——石某松、尹某宁强奸案

【案件基本信息】

1. 裁判书字号

辽宁省大连市中级人民法院（2018）辽 02 刑终 682 号刑事裁定书

2. 案由：强奸罪

【基本案情】

2017年12月9日上午，被告人石某松打电话给被告人尹某宁，让尹某宁同他一起去某镇给被害人戚某某送书，被告人石某松表示要趁机和被害人戚某某发生性关系，被告人尹某宁表示其也想和被害人戚某某发生性关系。2017年12月9日14时许，被告人石某松、尹某宁共同来到某镇趁给被害人戚某某送书之际，以到旅社玩扑克为由，将被害人戚某某及其同学戚某文骗到某旅社某房间内，被告人石某松、尹某宁先后强行与被害人戚某某发生性关系，被告人石某松强奸得逞，因被害人戚某某挣扎反抗，被告人尹某宁未能成功完成强奸行为。被害人戚某某及其父亲戚某与被告人石某松家属就民事赔偿自行达成协议，被害人戚某某谅解了被告人石某松的行为。

【案件焦点】

二人共谋强奸，一人得逞，另一人未得逞是否构成轮奸。

【法院裁判要旨】

辽宁省瓦房店市人民法院经审理认为：被告人石某松、尹某宁事先共谋，且在同一段时间内，共同对被害人戚某某连续地轮流实施强奸，故被告人石某松、尹某宁系共同犯罪，且系二人轮奸。二人行为侵犯了妇女的性的自由决定权，均构成强奸罪。被告人石某松犯罪时已满十六周岁未满十八周岁，予以减轻处罚。辽宁省瓦房店市人民法院依照《中华人民共和国刑法》第二百三十六条第三款、第十七条第一款、第三款、第二十五条第一款、第六十七条第三款的规定，作出如下判决：

被告人石某松犯强奸罪，判处有期徒刑六年十一个月。

被告人尹某宁犯强奸罪，判处有期徒刑十年。

石某松、尹某宁不服一审判决提起上诉。辽宁省大连市中级人民法院经审理认为：案发时上诉人石某松与尹某宁具有明确的轮奸的意思联络，且二人在同一空间相继对被害人实施了强奸行为，应认定为轮奸。由于二人基于共同奸淫的认识共同实行了强奸行为，其中石某松强奸已得逞，根据共同犯罪“部分实行全部责任”的原则，二人均应认定为既遂。上诉人石某松、尹某宁违背妇女意志，以暴力手段强行与妇女发生性关系，且系轮奸，二人的行为均已构成强奸罪。

辽宁省大连市中级人民法院依照《中华人民共和国刑事诉讼法》第二百三十六条第一款第一项之规定，裁定如下：

驳回上诉，维持原判。

【法官后语】

本案难点是轮奸的认定，轮奸是否存在未遂形态。

根据《中华人民共和国刑法》第二百三十六条的规定，以暴力、胁迫或者其他手段强奸妇女的，处三年以上十年以下有期徒刑。强奸妇女、奸淫幼女，有下列情形之一的，处十年以上有期徒刑、无期徒刑或者死刑……二人以上轮奸的。轮奸是指二男以上在同一段时间内，共同对同一妇女（或幼女）连续地实施奸淫行为。二男以上对妇女实施奸淫，对妇女性自由权及身心健康危害更大，妇女往往不敢反抗，因此将轮奸作为强奸罪的加重处罚情节能更好地保护妇女的性权益，符合罪刑相适应原则。

有学者认为，轮奸是共同正犯型的强奸，二男不仅要有强奸的共同犯意，共同实施了强奸行为，还需二男强奸既遂，才构成轮奸。该理论认为，本案中被告人石某松与尹某宁具有强奸的共同犯意，先后实施了强奸行为，但石某松强奸既遂，尹某宁强奸未遂，石某松与尹某宁应成立轮奸未遂与强奸既遂的想象竞合。

笔者认为该理论有待商榷，轮奸不是一个单一的罪名，而是强奸罪的一个加重处罚情节。该犯罪情节只有构成与不构成的问题，而不存在既遂与未遂的停止形态问题。只要二男具有强奸的共同犯意，共同实施了强奸行为，就应该认定为轮奸。二男共谋强奸，共同实施强奸行为，会产生三种结果：第一种，二男强奸均得逞，则构成强奸既遂，认定为轮奸没有争议；第二种，二男强奸均未得逞，笔者认为应认定为轮奸，但构成强奸未遂；第三种，一男强奸得逞，另一男强奸未得逞，根据共同犯罪理论“一人既遂，全体既遂”的基本原理，二男的犯罪行为构成强奸既遂，应认定为轮奸。本案中被告人石某松与尹某宁具有共同强奸的意思联络，对被害人依次实施了强奸行为，石某松强奸已得逞，因此被告人石某松、尹某宁构成强奸罪，应认定为轮奸。

编写人：辽宁省瓦房店市人民法院　周发慎

21

共同强奸犯罪中，被告人部分得逞部分未得逞，已着手未得逞的被告人亦构成强奸罪，并构成轮奸加重情节

——翟某深强奸案

【案件基本信息】

1. 裁判书字号

广西壮族自治区某州市中级人民法院（2020）桂02刑终367号刑事裁定书

2. 案由：强奸罪

【基本案情】

2019年10月8日下午，被告人翟某深（14周岁）与同案人莫某锋（14周岁，另案处理）、朋友陆某、车某祥、何某祥（上述三人13周岁）共谋当晚约被害人谢某某（14周岁）开房，将谢某某灌醉后与其发生了性关系，莫某锋提供避孕套。22时许，翟某深等在某宾馆入住某房间，并购买了啤酒、天龙泉白酒、饮料等回到房间。10月9日0时许，谢某某与朋友周某某来到某宾馆该房间与翟某

深等人共同饮酒，其间何某祥喝醉后在一旁睡觉。至4时许，周某某离开后，谢某某已经喝醉躺在床上，意识不清。陆某提议对谢某某实施强奸，翟某深、车某祥、莫某锋同意，陆某使用从莫某锋处得到的避孕套与谢某某发生了性关系。翟某深亦拿出莫某锋给的避孕套戴上，用手摸谢某某的身体，欲实施性侵，但因谢某某的父母来到宾馆房间，翟某深未能得手。2019年10月9日6时许，被告人翟某深、同案人莫某锋、陆某、车某祥、何某祥在某宾馆被公安人员抓获。

【案件焦点】

共同强奸犯罪，部分得逞部分未得逞，未得逞被告人的行为是否构成强奸罪既遂，是否构成轮奸的加重情节。

【法院裁判要旨】

广西壮族自治区柳州市柳江区人民法院经审理认为：被告人翟某深伙同他人乘未成年妇女醉酒之机，利用妇女处于不知、不能反抗的状态实施轮奸，其行为已构成强奸罪。公诉机关指控的事实清楚，证据确实、充分，罪名成立。在共同犯罪中，翟某深与他人分工明确，作用相当，是主犯，应按照其所参与的全部犯罪处罚；翟某深犯罪时未满十八周岁，依法应当从轻或者减轻处罚；翟某深归案后能如实供述其罪行，依法可以从轻处罚。翟某深之所以走上犯罪道路，主要原因是父母亲忙于生计，疏于监管及教育，且翟某深文化水平低、法律意识淡薄，与他人共谋对未成年妇女共同实施性侵，触犯刑律。根据本案情况，综合考虑上述情节，立足于“教育、感化、挽救”的方针，法院决定对翟某深减轻处罚。指定辩护人提出对其减轻处罚的辩护意见，与查明的事实一致，予以采纳。

广西壮族自治区柳州市柳江区人民法院依照《中华人民共和国刑法》第二百三十六条第三款第四项、第二十五条第一款、第二十六条第一款、第四款、第十七条第二款、第三款、第六十七条第三款之规定，作出如下判决：

被告人翟某深犯强奸罪，判处有期徒刑三年。

一审判决后，翟某深不服一审判决，认为其未实施强奸行为，且刚满十四周岁，量刑过重，向某州市中级人民法院提起上诉，请求改判并适用缓刑。

广西壮族自治区柳州市中级人民法院经审理后同意一审法院裁判意见，认为原判认定事实清楚、证据确实充分、适用法律正确、审判程序合法。

广西壮族自治区柳州市中级人民法院依照《中华人民共和国刑事诉讼法》第二百三十六条第一款第一项之规定，裁定：

驳回上诉，维持原判。

【法官后语】

1. 该案系一起未成年被告人案件，客观要件上，翟某深、陆某等人共同预谋对谢某某发生性关系，并加以实施，翟某深与陆某等是共同犯罪，陆某已得逞。翟某深在着手过程中，被意志以外的原因即谢某某父母到场，未能得逞，翟某深主观要件上也同样有犯罪的故意。如何评价强奸共同罪犯中部分行为人实施奸淫，而部分行为人奸淫未得逞的行为，对于未奸淫成功的行为人如何认定。笔者认为，对于未完成奸淫的行为人，应根据共犯理论，“部分实行，全部责任”认定为强奸罪既遂。本案中，陆某造成法益侵害结果时，翟某深在一旁参与，其行为与陆某奸淫得逞之间具有因果性。本案陆某虽未满14周岁，但作为共同犯罪的一员，已经奸淫得逞，翟某深着手未得逞的行为构成强奸罪，对共同犯罪中的既遂承担责任，由此可以看出，陆某与翟某深违法行为是连带的，责任是个别的，陆某存在未达责任年龄这一阻却事由，才未被追究刑事责任。

2. 轮奸本身不是罪名，是强奸罪的加重处罚情节之一。一种观点认为，现行刑法关于轮奸的完整表述是“二人以上轮流强奸”，限制为“二人以上”“轮流奸淫”应当被理解为需要两人以上具有共同强行实施行为的故意和奸淫行为。本案中翟某深提供了帮助，奸淫行为未得逞，根据主客观相一致原则，和轮奸情节的特征，翟某深并未实施奸淫行为，其应是普通强奸罪共犯。另一观点认为，构成轮奸的加重情节，翟某深不但客观上共同参与了强奸行为，主观上还有共同轮奸的故意，并且已经基于该种故意着手实施了奸淫行为，只是由于意志以外的原因未得逞。未遂，是犯罪的一种未完成形态，轮奸并非独立一罪，只是强奸罪的一种情形。因此，轮奸本身并没有独立的犯罪形态问题，不管其犯罪完成形态是既遂、未遂还是中止。奸淫行为的不可替代性不能成为强奸共同犯罪中既遂与未遂得以并存的充足理由。本案中，翟某深都同时具备了共同实行对同一被害人强奸奸淫行为的合意，并已经着手，构成轮奸加重情节。法官采纳了第二种观点，根据相应的犯罪情节依法进行处罚，做到罪责刑相适应。

编写人：广西壮族自治区柳州市柳江区人民法院　覃欧芸

22

对幼女长期多次奸淫与奸淫幼女“情节恶劣”的具体认定

——柴某峰强奸案

【案件基本信息】

1. 裁判书字号

河南省平顶山市中级人民法院（2021）豫04刑终210号刑事裁定书

2. 案由：强奸罪

【基本案情】

柴某峰与周某乐于2010年3月结婚，婚后于2011年2月18日生育女儿柴某某。被害人周某某于2008年10月17日出生，系周某乐的女儿，自2012年左右开始跟着柴某峰、周某乐居住生活，后周某乐常年在外打工。被告人柴某峰利用周某乐长期外出务工、其单独照顾周某某生活之机，自2018年夏季开始至2020年7月案发，长期、多次在其房屋内，采取诱骗等手段，强行与被害人周某某发生性关系。

【案件焦点】

柴某峰对幼女长期多次奸淫是否构成“情节恶劣”。

【法院裁判要旨】

河南省宝丰县人民法院经审理认为：被告人柴某峰为满足其性欲望，长期、多次奸淫不满十四周岁的幼女，情节恶劣，其行为已构成强奸罪。公诉机关指控被告人柴某峰犯强奸罪的事实清楚，罪名成立。被告人柴某峰系被害人周某某的继父，是共同家庭生活成员，对周某某负有抚养、监护职责，被害人周某某案发时系不满十二周岁的幼女，且被告人柴某峰自 2018 年开始在长达两年的时间内多次强奸被害人周某某，属奸淫幼女情节恶劣，应在有期徒刑十年以上对其判处刑罚。关于被告人柴某峰辩称其从未与周某某发生性关系的辩称意见，以及辩护人辩称“被告人柴某峰的行为不构成强奸罪，构成猥亵儿童罪”的意见，经查，被害人周某某在公安机关的陈述一直比较稳定，陈述内容应予认定，证人陈某某、付某某亦均证实被害人周某某向其二人告知被父亲柴某峰强奸，“第一次没有了”的事实，证人周某乐证实其和丈夫柴某峰夫妻感情不好，其一直在外务工，柴某峰一直独自在家照顾周某某，可以证实柴某峰具备强奸周某某的空间条件，医院妇科检查诊断证明结果“陈旧性处女膜环裂伤”可以证实被害人周某某遭受被告人柴某峰强奸的损害后果，上述证据之间能够相互印证，足以认定被告人柴某峰在两年内长期、多次强奸被害人周某某的事实。综上，被告人柴某峰及其辩护人的上述辩解意见，与查明的事实不符，不予采纳。根据被告人柴某峰的犯罪事实、性质、情节和对社会的危害程度，结合本案实际，依照《中华人民共和国刑法》第二百三十六条之规定，判决如下：

被告人柴某峰犯强奸罪，判处有期徒刑十四年。

一审宣判后，柴某峰不服，提起上诉。河南省平顶山市中级人民法院经审理认为：柴某峰系被害人的继父，对被害人负有监护、抚养职责，本应关心、爱护被害人，确保被害人的身心健康安全，却置法律与道义于不顾，在与被害人共同生活期间利用其身份的优势地位及照顾被害人生活之便，对年幼且处于孤立无援境地的被害人长期、多次实施强奸行为，且首次强奸被害人时被害人尚不满十岁，其行为卑劣且严重违反人伦道德、挑战社会底线，依法应处十年以上有期徒刑。

【法官后语】

一、刑法并未将“对同一名被告人多次实施强奸、奸淫”列为加重处罚情节，该情节亦不能认定为情节恶劣

根据刑法第二百三十六条第三款的规定，强奸妇女、奸淫幼女，有下列情形之一的，处十年以上有期徒刑、无期徒刑或者死刑：(1) 强奸妇女、奸淫幼女情节恶劣的；(2) 强奸妇女、奸淫幼女多人的；(3) 在公共场所当众强奸妇女的；(4) 二人以上轮奸的；(5) 奸淫不满十周岁的幼女或者造成幼女伤害的；(6) 致使被害人重伤、死亡或者造成其他严重后果的。但对于“强奸妇女、奸淫幼女一人多次的”未明确规定为加重处罚情节。该情节是否属于“情节恶劣”的情形，实践中存在争议。有意见认为，强奸妇女、奸淫幼女一人多次，特别是奸淫幼女一人多次的，会给被害人带来更深的伤害，与“强奸妇女、奸淫幼女多人”的情节相比，同样体现了被告人较大的社会危害性和主观恶性，可将该情节当然地理解为“强奸妇女、奸淫幼女情节恶劣”的情形，从而对被告人在加重处罚的量刑幅度内进行处罚。笔者认为，该意见欠妥，具体理由如下：

1. 从刑法条文来看，刑法第二百三十六条第三款未将强奸、奸淫“多次”与“多人”并列规定，说明立法乃有意区别对待。前者系针对同一名被害人实施，侵害对象单一，而后者的侵害对象为多人，社会危害性更大、社会影响更为恶劣。一般来说，强奸、奸淫同一名被害人三次以上的社会危害性并不必然达到应判处十年以上有期徒刑以上刑罚的严重程度，故将“强奸妇女、奸淫幼女一人多次”当然地认定为“情节恶劣”，与立法原意不符。

2. 有关论著，如《刑法分则及配套规定新释新编》（刘家琛主编，人民法院出版社出版，2008 年版）（以下简称《新释新解》）认为，强奸妇女、奸淫幼女情节恶劣主要包括：利用残酷的暴力手段如捆绑、捂嘴、卡脖等强奸妇女的；在行奸过程中肆意蹂躏妇女的；长期多次对某一妇女进行强奸的；强奸精神病患者、严重的痴呆病患者、孕妇、病妇的等。上述观点通过列举的方式解释了何为“情节恶劣”，并将“长期多次对某一妇女进行强奸的”列为情形之

一。换言之，多次对同一名被害人实施强奸、奸淫的，要达到“情节恶劣”的程度，还需要有被告人“长期实施”的限定条件。一般来讲，“多次”即指行为人实施了三次以上犯罪行为，而“长期”则要求行为人在某段时间内连续实施犯罪行为，且实施犯罪的时间较长，不单单“多次”。如何界定“长期”，应结合案件具体情况具体判断。长期多次对同一名被害人强奸、奸淫，对被害人的身体特别是心理会造成极大的伤害，甚至会影响被害人终身，危害程度较一般的对同一名被害人多次强奸、奸淫更深、更恶劣，将该情形列为“情节恶劣”合理。因此，单纯的对同一名被害人实施三次以上强奸、奸淫的情节，并非当然地属于“情节恶劣”。

因司法实践的复杂性，判断是否属于“情节恶劣”，应结合案件具体事实、情节综合判断。司法实践中，可综合考虑上述所列情形，认定强奸行为是否属于“情节恶劣”。

二、综合本案中被告人柴某峰的具体作案情节，其行为已达到了认定“情节恶劣”的程度

本案中，被害人周某某的母亲常年在外打工，周某某长期与继父柴某峰共同生活，柴某峰利用其特殊身份及照顾周某某生活之便，在长达两年多的时间内多次对周某某进行奸淫，且据周某某陈述，其首次被柴某峰强奸时还不满10周岁，周某某称其与柴某峰发生了十多次性关系，对周某某的处女膜诊断证明也显示“处女膜陈旧性裂伤”。可见，柴某峰在两年多的时间内对被害人多次实施奸淫，属长期多次对同一名被害人进行奸淫的情节；柴某峰对年仅12周岁的农村留守女童实施性侵犯罪，在当地造成了恶劣影响，社会危害性较大，与刑法第二百三十六条第三款所列的第二项至第五项加重情节的危害程度相当，应当认定为“奸淫幼女情节恶劣”。

综上，被告人柴某峰在奸淫被害人周某某犯罪中，存在长期多次奸淫不满12周岁的留守女童的多项从重处罚情节，已经达到了“情节恶劣”的程度。一、二审法院据此以强奸罪判处柴某峰有期徒刑十四年是适当的。

编写人：河南省平顶山市中级人民法院　吴圆琴

23

利用特殊职责性侵未成年人应从严惩处

——冶某买强奸案

【案件基本信息】

1. 裁判书字号

青海省海东市中级人民法院（2020）青02刑终89号刑事裁定书

2. 案由：强奸罪

【基本案情】

被告人冶某买与被害人李某系继父女关系。2020年1月17日至2月14日，被告人冶某买以自己需要治疗性病为由，在家中，以胁迫手段多次强奸李某。某刑事科学技术研究所，对李某现场提取的生物检材及人身检查提取物等进行鉴定，送检的绿色内裤和床单上检出冶某买的DNA分型。

另查明，附带民事赔偿部分，附带民事诉讼原告人李某及法定代理人马某1以无相关赔偿证据为由，申请撤回对被告人冶某买的起诉。

【案件焦点】

1. 被告人冶某买的有罪供述是否是刑讯逼供所致；2. 被告人冶某买的性功能病症是否影响其实施犯罪的问题；3. 被告人冶某买利用特殊职责侵害未成年人的量刑问题。

【法院裁判要旨】

青海省民和回族土族自治县人民法院经审理认为：对于被告人冶某买称其第一次有罪供述系公安民警刑讯逼供所致，称其有性功能障碍的辩解。经查，根据在案的讯问视频，可证实公安机关在讯问过程中对其并未刑讯逼供，其第一次供述与证人马某1、冶某买及被害人李某对关键事实和细节的陈述高度吻合，且有在案的鉴定意见予以佐证，其辩解被害人李某内裤存在其精斑的原因系其用该内裤擦拭阴茎所致，但其又辩称从未和李某单独睡在一起，即其辩解理由相互矛盾，又与查明的事实严重不符，故其第一次供述系合法采集，内容客观真实，应予采信；马某1证明其有漏精等性功能病症，但其具有性行为能力，其并未提交任何医疗诊断书，即便其有性功能障碍，但该病症不能阻却其进行犯罪及承担刑事责任，故被告人的上述辩解及其辩护人的上述辩护意见，均不予采纳。被告人冶某买违背妇女意志，强行与妇女发生性关系，其行为已构成强奸罪，依法应予惩处。被告人利用特殊职责多次强奸与其有共同家庭生活关系的未成年人妇女，依法从重处罚。

青海省民和回族土族自治县人民法院依照《中华人民共和国刑法》第二百三十六条第一款之规定，作出如下判决：

被告人冶某买犯强奸罪，判处有期徒刑八年六个月。

冶某买不服一审判决提出上诉，除一审辩解外提出证人马某2的证言不真实，其在警察带到家后即离开，其后抓捕过程有无不文明执法，马某2不可能知晓，证人冶某仅12岁，其证言不可采信。青海省海东市中级人民法院经审理认为：对于其称马某2的证言不具有真实性及证人冶某证言不能采信的问题。经查，公安机关在询问证人马某2和冶某时，已依法向二人告知了《证人诉讼权利义务告知书》，马某2证言仅能证明因冶某买拒不配合，公安机关进行强制传唤的事实，且称其在公安机关到冶某买家中及带离冶某买期间，其一直与民警在一起；证人冶某作证时虽仅系12岁，但其证言与其智力发育、认知能力和文化程度相符，与其他证人证言相互印证，且其系上诉人冶某买亲生女。综合考虑，二证人证言的采集程序合法，内容客观，均应予采信。冶某买违背妇女意志，胁迫妇女与其发生性关系，其行为已构成强奸罪。冶某买利用特殊职责多次强奸与其有共同家庭生活关系的未成年人妇女，应从重处罚。原判认定的事实清楚，证据确实、充分，定罪及适用法律正确，量刑适当，审判程序合法。冶某买关于事实不清、宣告无罪等上诉理由均不能成立，不予采纳。

青海省海东市中级人民法院依照《中华人民共和国刑事诉讼法》第二百三十六条第一款第一项的规定，裁定：

驳回上诉，维持原判。

【法官后语】

本案与一般性侵未成年人犯罪案件有所不同，被告人冶某买因为抚养关系与被害人形成了父亲和女儿的身份地位差异，也使被害人处于权力结构十分悬殊的弱势地位，在犯罪实施过程中被害人对父亲的权威、暴力威胁不敢反抗，且考虑到亲情、伦理、生活保障以及羞耻感等因素，被害人不敢声张且不敢报警维权，这也使得被告人得以多次性侵被害人。在此类案件中，对被告人予以严惩可以充分体现人民法院从严打击侵害未成年人合法权益犯罪的态度和决心，有力惩治此类犯罪并有效震慑潜在不法分子。

本案涉及如何判断是否违背被害人意志的问题，以及利用特殊职责性侵害未成年人的量刑问题。

第一，关于如何判断是否违背被害人意志的问题。根据刑法的相关规定，对于已满14周岁的女性进行奸淫构成强奸罪，要求必须违背被害人的意志，但在利用特殊职责进行性侵害的这类案件中，认定行为人所采取的强制手段和程度时，应充分考虑未成年被害人身心脆弱，及与特殊职责人员之间存在特殊关系，易受伤害等情况，与针对成年人实施的强制性侵害行为有所区分。《性侵意见》所谓“利用优势地位”进行奸淫是指，行为人与未成年被害人之间具有监护、教育、训练、看护、救助、医疗等特殊关系，且行为人故意利用这种特殊关系，以使未成年被害人的生活条件、受教育或训练的机会、接受救助或医疗等方面可能受到影响的方式，对被害人施加压力，使其不得不容忍行为人对其进行奸淫。例如，养（生）父以虐待、克扣生活费迫使养（生）女容忍其奸淫。所谓利用未成年人“孤立无援的境地”进行奸淫，是指由于各种原因，未成年被害人处于不得不依赖于上述特殊职责人员的资助、抚育、照顾和救助等状况，而行为人有意利用此种状况，迫使被害人容忍其奸淫行为。例如，对处于身患严重疾病、流落街头需要接受救助等境地的未成年被害人进行奸淫。

本案中，被害人陈述证明在被告人冶某买对其实施性侵害前，被害人有反抗但是被制止，因害怕被被告人殴打也未呼救，在被告人冶某买对被害人实施性侵害后还对被害人实施语言威胁，不让被害人将此事告诉其他家人，被告人冶某买的强制及威胁行为虽相比成年人实施的强制性侵害行为程度较弱，但是因为被告人冶某买与被害人因抚养关系形成的身份地位差异，使在犯罪实施过程中被害人对父亲的权威、暴力威胁不敢反抗，故被告人该种行为可以认定为“利用其优势地位或者被害人孤立无援的境地，迫使未成年被害人就范”的情形，依法应以强奸罪定罪论处。

第二，监护人、教师、教练、救助人、保姆、医生等对未成年人负有特殊职责的人员，与未成年人有共同家庭生活关系的人员，本应是保护未成年人身心健康，保障未成年人合法权益，促进未成年人德智体美劳全面发展，培养有理想、有道德、有文化、有纪律的社会主义建设者和接班人，可是有小部分人员却利用其对未成年人负有特殊职责或与未成年人有共同家庭生活的便利条件对未成年人实施性侵害，此类行为不仅严重侵害未成年人身体及心理健康，更是严重挑战社会伦理道德底线；同时，因为该类人员具有接触未成年人的便利条件，实施性侵害行为更为隐蔽，一般人难以发现，持续时间通常更长，未成年被害人更难以抗拒和向有关部门揭露，社会危害更大。因此，针对未成年人实施强奸、猥亵犯罪的，应当从重处罚，对未成年人负有特殊职责的人员、与未成年人有共同家庭生活关系的人员对未成年人实施强奸、猥亵犯罪的，更要依法从严惩处。

编写人：青海省民和回族土族自治县人民法院　韩君

24

强奸罪中违背被害人意志的认定

——尹某强奸案

【案件基本信息】

1. 裁判书字号

湖南省益阳市中级人民法院（2020）湘09刑终284号刑事裁定书

2. 案由：强奸罪

【基本案情】

尹某系蔡甲的继父。2018年12月1日，被害人蔡甲被其生父蔡乙送到其生母肖某工作的地方生活，肖某与现任丈夫尹某在某镇经营出租房，蔡甲留在出租房帮忙打扫卫生。2019年1月，肖某返回家乡，蔡甲与尹某留在潮州过年。从2019年1月下旬开始，尹某趁蔡甲独自一人在房间里时多次强迫蔡甲与其发生性关系。2019年6月20日，蔡甲、尹某返回家乡，居住在尹某夫妇位于某村的家中。2019年6月，尹某在其家中又先后三次强迫蔡甲与其发生性关系。后发现蔡甲怀孕，经法医鉴定，尹某是蔡甲体内胚胎组织的生物学父亲。蔡甲在某妇幼保健院实施了人工流产手术，住院9天，花费医疗费2737.66元；住院伙食补助费参照本地国家机关一般工作人员的出差伙食补助标准计算为900元；护理费因护理人员为家人，未提供其他证据，参照城镇居民服务业标准计算为1647元；交通费按照住院时间及居住地到就诊医院的实际距离，酌情认定1000元，营养费酌情认定450元。综上，共计6734.66元。

【案件焦点】

强奸罪中，继父长期与共同生活的未成年继女发生性关系，如何认定是否违背被害人意志。

【法院裁判要旨】

湖南省益阳市赫山区人民法院经审理认为：针对被告人尹某辩称他与蔡甲发生性关系后，蔡甲找他要了钱，是蔡甲自愿与其发生性关系以及辩护人提出本案仅有被害人陈述证明尹某暴力胁迫其发生了性关系，因此不足以证明尹某构成强奸罪的辩解和辩护意见。经查，被告人供述、被害人陈述及证人证言等证据证明被告人系被害人的继父，明知被害人系未成年人，利用其处于孤立无援的处境，多次强奸被害人，并拍摄裸照威胁其不许告诉他人。被害人在被告人经营的出租屋帮忙打扫卫生，且被告人作为被害人的继父，偶尔向其支付零花钱是正常现象，不能理解为是一种交易行为。另外，被害人与被告人在案发前无矛盾，可以排除诬告的可能，被害人陈述稳定自然，对于细节的描述符合正常记忆认知、表达能力，全案证据能够形成完整的证明体系，应依法认定被告人尹某构成强奸罪。故对上述辩解和辩护意见，法院不予采纳。

被告人尹某违背妇女意志，以胁迫等手段多次强奸未成年人，其行为已构成强奸罪。公诉机关指控的罪名成立。被告人尹某与被害人蔡甲有共同家庭生活关系，而多次对被害人实施强奸，并造成其怀孕的后果，应对被告人从重处罚。因其犯罪行为对被害人蔡甲造成的经济损失，依法应予赔偿。对附带民事诉讼原告人蔡甲要求赔偿的医疗费，法院依据其提交的票据予以确认；交通费、营养费、护理费和住院伙食补助费，因未提供相关票据，法院根据治疗实际需要予以确认；后续治疗费因不属于实际发生的费用，不予支持；精神抚慰金因无法律依据，不予支持。据此，依照《中华人民共和国刑法》第二百三十六条第一款、第三十六条第一款，《最高人民法院、最高人民检察院、公安部、司法部关于依法惩治性侵害未成年人犯罪的意见》第二十五条第一款、第五款、第六款之规定，判决如下：

一、被告人尹某犯强奸罪，判处有期徒刑八年。（刑期从判决执行之日起计算。判决执行以前先行羁押的，羁押一日折抵刑期一日，即被告人尹某的刑期自2019年9月16日起至2027年9月15日止)。

二、被告人尹某赔偿附带民事诉讼原告人蔡某医疗费、住院伙食补助费、护理费、交通费、营养费等各项经济损失共计6734.66元（限本判决生效之日起一个月内付清)。

一审判决后，被告人尹某提起上诉。湖南省益阳市中级人民法院经审理认为：辩护人王某提出尹某当庭认罪，愿意赔偿，有自首和坦白情节，依法可以酌情从轻处罚。经查，尹某始终未认罪，也未如实供述自己的罪行，且未积极赔偿，不构成自首或坦白，不具有从轻或者减轻处罚情节。尹某及其辩护人的该项上诉理由不能成立，本院不予采纳。依照《中华人民共和国刑事诉讼法》第二百三十六条第一款第一项之规定，裁定如下：

驳回上诉，维持原判。

【法官后语】

家，是成长的幸福摇篮，是无助时的避风港，是每个人魂牵梦萦的地方；而家庭暴力的出现，无疑使得这种温暖蒙上了一层阴影。近年来，家庭暴力一直都是社会的焦点问题；这种暴力不仅践踏家人的尊严，破坏婚姻家庭关系，还严重危害社会秩序。

本案是一起继父利用优势地位性侵害未成年人犯罪的典型案件。该犯罪行为严重突破了人类伦理道德底线，损害了被害人身心健康，社会危害性大，影响十分恶劣。

被告人尹某的辩护人提出：被告人尹某与被害人发生性关系并非胁迫，且被害人多次向尹某索要钱财，系交易行为。本案处理重点在于对违背被害人意志的认定。

强奸的行为对象是妇女。妇女的社会地位、思想品德、生活作风、结婚与否等均不影响本罪的成立。对性侵未成年人犯罪案件证据的审查，要根据未成年人的身心特点，按照有别于成年人的标准予以判断。审查言词证据，要结合全案情况予以分析。根据经验和常识，未成年人的陈述合乎情理、逻辑，对细节的描述符合其认知和表达能力，且有其他证据予以印证，被告人的辩解没有证据支持，结合双方关系不存在诬告可能的，应当采纳未成年人的陈述。本案中，被害人蔡甲与被告人尹某在案发前无矛盾，可以排除诬告的可能，被害人蔡甲陈述稳定自然，对于细节的描述符合正常记忆认知、表达能力，全案证据能够形成完整的证明体系，应依法认定被告人尹某构成强奸罪。

从理论上讲，强奸与通奸不难区分。通奸是双方或一方有配偶的男女，自愿发生的不正当性交行为。强奸罪分为两种类型：一是普通强奸，即使用暴力、胁迫或者其他手段，强行与妇女性交的行为；二是奸淫妇女（准强奸），即与不满14周岁的幼女性交的行为。在实践上难以区分，是因为证据采信困难所致。强奸一般发生在没有第三者在场的场合，被害人的陈述与被告人的陈述也常有不真实的现象，这给强奸罪的认定带来了一定的困难。所以，在认定强奸罪时，必须进行大量的调查，掌握充分的证据，对双方平时的关系、性交的时间、地点、环境、女方当时的态度、告发原因等情况进行全面分析，得出正确结论，不能把妇女的“告发”作为定罪的唯一依据。

在判断家庭弱势成员是否自愿发生性关系时，应综合分析被害人的主观心理。本案中，尽管继女未第一时间报案且索要钱财，但不能认定为是自愿，应认定为被告人尹某采用胁迫等手段多次强奸未成年少女。

理由如下：（1）继女系未成年人，刚来广东不到两个月，需依附继父生活，而亲生父母远在家乡，被害人处于孤立无援的处境；（2）继父多次强行闯入继女睡觉的房间，该强行闯入行为本身就带有一定的暴力性质；（3）继父以言语、裸照相威胁，使继女产生恐惧心理，不敢反抗。

强奸罪的行为内容为使用暴力、胁迫或者其他手段与妇女性交。强奸行为以违背妇女意志为前提，即在妇女不同意性交的情况下，强行与之性交。或者说，以违反妇女意愿的方式，强行与之性交。换言之，被害妇女的性自由决定权是否受到侵害或者威胁，与她本人的意愿密不可分。是否违背妇女意志，不应只从表面上看妇女有无反抗、拒绝的表示，还应考虑妇女是否能够反抗、是否知道反抗、是否敢于反抗等情况。由于强奸行为违背妇女意志，所以，行为人必须采取某种足以使妇女不能反抗、不敢反抗、不知反抗的手段，这便是暴力、胁迫或者其他手段，这些手段是强奸行为的组成部分。

暴力行为，是指不法分子对被害妇女行使有力的手段，即直接对被害人采取殴打、捆绑、堵嘴、卡脖子、按倒等危害人身安全或人身自由，使妇女不能反抗的手段。本案中，被告人尹某作为继父多次强行闯入继女睡觉的房间，该强行闯入行为本身就带有一定的暴力性质。

胁迫手段，是指为了使被害妇女产生恐惧心理，而以恶害相通告的行为；胁迫的实质是足以引起被害妇女的恐惧心理，使妇女不敢反抗的手段，从而实现强行奸淫的犯意。胁迫的手段多种多样，既可以直接对被害妇女进行威胁，也可以通过第三者进行威胁；既可以是口头胁迫，也可以是书面胁迫；既可以以暴力进行威胁，如持刀胁迫，也可以以非暴力进行威胁，如以揭发隐私、毁坏名誉相胁迫。需要注意的是，利用教养关系等与妇女性交的，不能一律视为强奸。关键在于行为人是否利用了这种特定关系进行胁迫。换言之，特定关系只是认定是否构成胁迫的线索，而不是认定胁迫的根据。对已满14周岁的未成年女性负有特殊职责的人员，利用其优势地位或者被害人孤立无援的境地，迫使未成年被害人就范，而与其发生性关系的，应当以强奸罪论处。本案中，被告人尹某以言语、裸照相威胁，使继女产生恐惧心理，不敢反抗。

其他手段，是指采用暴力、胁迫以外的使被害妇女不知反抗、不敢反抗或者不能抗拒的手段，具有与暴力、胁迫相同的强制性质。常见的其他手段有：造成或利用妇女处于孤立无援的状态进行强奸；利用妇女患重病之机进行强奸；用酒灌醉或者药物麻醉的方法强奸妇女；利用妇女熟睡之机进行强奸；冒充妇女的丈夫或情夫进行强奸；组织和利用会道门、邪教组织或者利用迷信奸淫妇女等。本案中，继女系未成年人，刚来广东不到两个月，需依附继父生活，而亲生父母远在湖南，被害人处于孤立无援的处境。

我国理论与实践的基本态度是不问上述暴力、胁迫、其他手段的大小强弱程度。但是，如果不对暴力、胁迫、其他手段的程度作一定限制，就难以区分强奸与通奸的界限。张明楷认为，上述暴力、胁迫与其他手段都必须达到使妇女明显难以反抗的程度。本案中，被告人尹某采取暴力、胁迫与其他手段都已达到使继女蔡甲明显难以反抗的程度，即被告人尹某构成强奸罪。第一次性交违背妇女意志，事后行为人对被害妇女实施精神上的威胁，迫使其继续忍辱屈从的，应以强奸罪论处。这里不存在强奸与通奸的转换问题。

本案中，被告人尹某与被害人蔡甲有共同家庭生活关系，而多次对被害人实施强奸，并造成其怀孕的后果，应对被告人从重处罚。

人民法院对本案依法予以重判，彰显了人民法院从严打击家庭成员利用优势地位性侵未成年人犯罪绝不手软的立场和决心，回应了社会关切，释放了法律绝不姑息纵容此类案件的信号，有利于形成未成年人性权利不可侵犯的舆论氛围、震慑类似犯罪、更好地保护未成年人。

本案同时也警示社会各界关心关注未成年人健康成长，家庭和学校要加强对未成年人的教育，引导未成年培养、提高识别风险、自我保护的意识和能力；提醒广大青少年增强自我保护意识，如果正在面临或者已经遭受不法侵害，要及时告知家长、老师或者报警，第一时间寻求法律的保护。

少年儿童是国家的未来，民族的希望。保护未成年人健康成长，是司法的责任、是社会的责任、是国家的责任。期待社会各界与司法机关携起手来，坚持严惩和严防相结合，打击与预防并重，为未成年人权益保护筑牢法律屏障。

编写人：湖南省益阳市赫山区人民法院　吴文琰

25

未成年人性侵已满十四周岁未成年人案件中违背妇女意志的判断

——何某强奸案

【案件基本信息】

1. 裁判书字号

江苏省无锡市中级人民法院（2020）苏02刑终147号刑事裁定书

2. 案由：强奸罪

【基本案情】

2019年2月25日晚，顾某某通过微信约杨某某至某街玩，见面后顾某某带杨某某至某酒店，22时许，顾某某、杨某某在某酒店三楼电梯处遇到何某、王某、郁某、周某某等五人，七人即至某酒吧泡吧，其间，何某与杨某某均有饮酒。顾某某提前离开时与杨某某嬉闹亲吻被杨某某脚踹下体，顾某某为此生气即发消息给何某，让何某收拾杨某某，何某回问顾某某："杨某某有无男朋友、'骚不骚'。"后何某主动加了杨某某的微信。酒吧保安提出杨某某年纪小不能来酒吧，杨某某即离开酒吧，何某跟随杨某某出了酒吧。

离开酒吧后，何某以外面冷为由邀请杨某某去酒店，二人于23时23分进入某酒店某房间，房间内有王某、郁某、周某某等。后王某和郁某在床上发生性关系，周某某进入了卫生间，何某与杨某某坐在房间飘窗上。王某和郁某结束后进入卫生间洗澡，周某某走出房间在门外走廊等候。王某和郁某洗完澡后亦走出了房间。

何某把杨某某手机拿到床边的凳子上后顺势将坐在床上的杨某某压倒并亲

吻杨某某的嘴和脖子，在何某开始脱杨某某衣服时，杨某某用手推何某的手和肩膀，何某抓住杨某某的两只手继续亲吻杨某某，在何某将手伸进杨某某的衣服里摸杨某某的胸部和下体时，杨某某往外拉何某的手，在何某试图脱杨某某的裤子时，杨某某拉住自己的裤子，何某前后脱了三次皆因杨某某的反抗而未能成功，后杨某某问何某是不是吃定她了，何某作出肯定回答后杨某某自己将裤子脱掉。因何某几次插入未成功，杨某某又喊疼，何某就叫门外的周某某等人去买避孕套。周某某等人买好避孕套交给何某后进入了卫生间。何某戴上避孕套，插入时杨某某喊疼，其间并多次说“我不玩了，让我走吧”，但何某未予理睬。

结束后何某陪同杨某某离开某酒店找杨某某朋友未果后又一同返回某酒店某房间。在房间待了一会后杨某某一人离开。杨某某告知了朋友“子默”有人强奸自己，后碰到张某某，张某某称已收到“子默”的消息，即让杨某某约何某至后宫酒吧，张某某等人将何某带至附近的眼镜城里对其进行殴打。

2019年2月26日下午，杨某某姑姑赵某贞带杨某某报警。经医院诊断，杨某某处女膜裂伤。

【案件焦点】

是否违背未成年女性意志的判断。

【法院裁判要旨】

江苏省无锡市梁溪区人民法院经审理认为：现有证据能相互印证，已形成证据锁链，足以证明被告人何某违背被害人杨某某意志以胁迫手段强行与之发生性关系，构成强奸罪。理由如下：

1. 被告人何某存在犯罪预谋。案发前，由于顾某某亲吻杨某某，被杨某某踢下体后，惹恼了顾某某，顾某某给何某发消息，让何某收拾杨某某，何某问顾某某：“杨某某‘骚不骚’，有无男友”等问题，并邀请杨某某至酒店房间。证明何某在第一次认识杨某某的情况下，就因顾某某的原因产生了定要和杨某某发生性关系的预谋。

2. 被告人何某有强奸被害人杨某某的主观故意，使用了足以压制杨某某的胁迫手段。（1）何某将杨某某压在床上，用自己的双手抓住杨某某的手腕将杨某某按住的强制动作，对于杨某某弱小的身体是一种较强的压制。何某在脱杨某某衣服、摸杨某某胸部和下体时，均遭到了反抗，连续脱杨某某裤子三次亦都未成功，由此其应当知道杨某某不愿与之发生性关系的态度和意志，亦体现出何某具有明显的强行与杨某某发生性关系的主观意图和要求；（2）言语精神上的压制：在何某对杨某某压制后强行亲吻、抚摸的过程中，特别是多次脱裤子的情况下，杨某某问何某是不是吃定她了，何某作出的肯定答复，系何某通过言语对杨某某精神意志发出的明确的强制要求；（3）在发生性关系过程中，杨某某多次提出不玩了，并明确对何某说让她走吧，但何某未予理睬，杨某某未能有更多的反应，可以看出，何某虽然身体动作及言语的暴力、威胁程度不高，但对杨某某已经足以产生精神意志上的压制。

3. 本案被害人杨某某案发时系年龄仅为 14 周岁零 7 个月的未成年人，在考察其本人的意志反应也应和其年龄相适应。一方面，其认知能力低，对性的认识及因被性侵所遭受的身体、心理上的危害后果等尚未有明确的认识；另一方面，意志薄弱，在遭受性侵时所体现出的反抗强度较低，能够承受的胁迫也较一般成年人低。

4. 被害人杨某某进行了符合其自身情况的反抗。（1）案发前两小时在酒吧期间，杨某某喝了酒；何某与杨某某发生性关系的时间为子夜时分；房间内何某的两个朋友发生性行为时，何某、杨某某在场，起了一定的引诱作用。以上均在一定程度上削弱了年龄为 14 周岁零 7 个月的杨某某的反抗意志和反抗能力；（2）在何某用自己双手按住杨某某双手时，杨某某一直用力试图挣脱，在何某用手伸进杨某某衣服里面时，杨某某将何某手拉出来，在何某脱杨某某裤子时，杨某某多次反抗，用手拉住自己的裤子不让何某脱下。后杨某某问到何某是不是吃定她了，得到肯定回答，最后才放弃反抗。其间，对何某明确提出放其走吧，多次提出不玩了。均系杨某某在当时情况下作出的符合其自身情况的反抗；（3）从周围环境看，房间里有杨某某不认识的何某的三个朋友在，对杨某某心理上也会产生无形的压制和影响。

5. 案发后，被害人杨某某虽未立即报警，但出了事发地即对朋友称自己被强奸了，并在张某某准备打何某时，进行了指认，以上均可看出事后被害人杨某某通过自己的言行表达了发生性关系是违背其意志的态度。

江苏省无锡市梁溪区人民法院依照《中华人民共和国刑法》第二百三十六条第一款、第十七条第二款和第三款之规定，判决：

被告人何某犯强奸罪，判处有期徒刑二年。

判决后被告人何某提出上诉。江苏省无锡市中级人民法院经审理后认为：综合全案证据，足以认定何某违背未成年被害人意志，强行与之发生性关系的事实成立。理由是：（1）何某应他人要求教训被害人杨某某即“把杨某某睡了”，其即询问他人杨某某“骚不骚、有无男友”，后何某以天冷带杨某某去酒店房间等朋友为名将杨某某带至酒店。何某在侦查阶段有过多次稳定供述，供称“她一开始是反抗的，不愿意的，后来她问我今天是不是吃定她了，我回答是的，意思即今天一定要和她发生性关系后，她就不反抗了”；关于被害人一开始如何反抗的，其供称“她用手推我，扭头不让我亲，拉着我的手不让我脱她的衣服和裤子”；期间被害人提出“你放我走吧”其没有同意。该供述得到被害人陈述笔录的印证。此外，证人证言也证实，在二人发生性关系过程中，杨某某多次提出“我不玩了，放我走吧”，何某不予理睬。故全案证据能够相互印证，已形成证据锁链。（2）何某的行为对被害人足以形成胁迫，利用未成年被害人孤立无援的境地，迫使未成年被害人就范，而与之发生性关系。首先，被害人杨某某与上诉人何某案发当晚初次相识，相识距案发仅两小时左右，二人并非正常交往恋爱关系。其次，杨某某孤身一人与何某及何某多名朋友共处一室，在遭遇何某明确必须发生性关系的强制要求时，反抗程度低、不敢反抗甚至放弃反抗，符合其年龄、意志、心智反应。最后，何某较被害人不仅有年龄优势、体力优势，且社会经验更为丰富，实施了将被害人按压在床上、双手抓住被害人手腕、强脱裤子等行为，虽暴力、言语威胁程度不高，但足以对杨某某产生精神意志上的压制。（3）案发后，被害人杨某某虽未立即报警，但离开案发地在内心确认安全的情况下即告知朋友被强奸一事，并向朋友指认何某，让朋友对何某进行殴打，该一系列行为也反映出其内心对与何某发生性关系是抗拒的。

江苏省无锡市中级人民法院依照《中华人民共和国刑事诉讼法》第二百三十六条第一款第一项之规定，裁定：

驳回上诉，维持原判。

【法官后语】

本案的主要争议焦点在于杨某某与被告人何某发生性关系时是否系自愿，即被告人何某与杨某某发生性关系的行为是否违背了杨某某的意志。

一、未成年女性的心智更易受到环境的影响

认为本案没有违背杨某某意志的观点提出，被害人杨某某对被告人何某的行为没有进行明显或实质的反抗，理由主要包括：（1）在酒吧期间，顾某某提前离开时与杨某某嬉闹亲吻被杨某某脚踹下体，可以得出，杨某某对此类行为的反抗程度是相当强烈的，而在和何某发生性关系的整个过程中，杨某某未有任何类似强度的踢、打的反抗动作。（2）整个过程中，被害人杨某某未曾喊叫求救。（3）在何某三次脱杨某某裤子未果后杨某某自己将裤子脱下。

然而，在对未成年被害人的意志进行分析时，必须结合其当时所处环境，因为所处周围环境对未成年人的影响明显要大于成年人。在酒吧，大家在喧闹的音乐中跳舞、喝酒，顾某某主动当众与杨某某嬉闹，杨某某用脚踹顾某某下体更多地基于酒吧内人员众多，外面还有保安，在其自己看来起码也是安全的，但是在何某带着杨某某所到的酒店房间，正如杨某某所言，房间内都是何某的朋友，且何某的朋友刚刚在杨某某、何某在场的情况下发生了性关系，即使是成年女性如果目睹他人当场发生性关系，其生理和心理上都会发生一定的变化，更何况是刚满十四周岁的未成年女性。

二、准确把握强奸未成年人犯罪案件中“违背妇女意志”的审查判断标准

对于强奸未成年人犯罪案件中“违背妇女意志”的审查，要根据未成年人的身心特点，按照有别于成年人的标准进行判断。根据经验和常识，未成年人

在发生性关系中的行为、言语所表现出的反抗程度，符合其当时的认知和表达能力，应当认定所发生的性交行为违背了未成年女性的“意志”。

本案中，在何某开始脱杨某某衣服时，杨某某用手推何某的手和肩膀，在何某将手伸进杨某某的衣服里摸杨某某的胸部和下体时，杨某某往外拉何某的手，在何某试图脱杨某某裤子时，杨某某拉住自己的裤子，何某前后脱了三次皆因杨某某的反抗而未能成功。虽然杨某某并没有做出踢打、喊叫、逃跑等程度更高的反抗动作，但是杨某某不让何某脱自己衣服，将何某手往外拉等身体动作已经明确表示了其对发生性关系的拒绝，虽然反抗的程度较低，但和其当时环境对其心智造成的影响是相符的。

三、准确把握未成年人强奸犯罪案件中未成年人对“违背妇女意志”的明知

在未成年人强奸已满十四周岁未成年女性犯罪中，既要准确把握对未成年女性“违背妇女意志”的判断标准，又要注意对涉嫌强奸犯罪的未成年被告人主观明知的审查，从而兼顾实现保障未成年被告人与未成年被害人双方的合法权益。正如二审裁判文书理由所述，何某在侦查阶段有过多次稳定供述，供称“她一开始是反抗的，不愿意的，后来她问我今天是不是吃定她了，我回答是的，意思即今天一定要和她发生性关系后，她就不反抗了”关于被害人一开始如何反抗的，其供称“她用手推我，扭头不让我亲，拉着我的手不让我脱她的衣服和裤子”可以得出，本案被告人案发时虽为未满十六周岁，但是其对杨某某不愿与其发生性关系是明知的，其仍然利用杨某某处于孤立无援的状态强行与杨某某发生性关系，符合强奸犯罪的主观构成要件。

编写人：江苏省无锡市梁溪区人民法院　傅俊平　赵越

26

短暂的时间与场所的间隔不影响轮奸情节的成立

——闭某宝强奸案

【案件基本信息】

1. 裁判书字号

广西壮族自治区钦州市中级人民法院（2021）桂07刑终22号刑事判决书

2. 案由：强奸罪

【基本案情】

2020年5月18日下午，闭某宝伙同彭某宇、闭某桂接被害人李某某和被害人梁某某到彭某宇家中玩。19时许，彭某宇明知梁某某系未满十四周岁的幼女仍在其家二楼一房间内与梁某某发生性关系，后将此事告知闭某宝和闭某桂。次日凌晨，闭某宝与彭某宇、闭某桂一起商量以送被害人梁某某回家为由带被害人梁某某到一山岭处，以期达到与被害人梁某某发生性关系的目的，四人驾驶摩托车到达目的地后，彭某宇、闭某桂到山脚附近等候，闭某宝提出在该处与被害人梁某某发生性关系遭拒，遂语言威逼被害人梁某某，梁某某被迫答应返回彭某宇家中再与闭某宝发生性关系。次日凌晨2时许，闭某宝在二楼一房间强奸被害人梁某某一次。后闭某桂在二楼靠近卫生间的一个房间内奸淫梁某某一次。2020年5月19日，闭某宝在彭某宇家中被抓获。另查明，被害人梁某某于2007年12月13日出生，被性侵时系幼女。

【案件焦点】

短暂的时间与场所的间隔是否影响轮奸情节的成立。

【法院裁判要旨】

广西壮族自治区灵山县人民法院经审理认为：被告人闭某宝伙同他人奸淫幼女，其行为构成强奸罪。在强奸的共同犯罪过程中，被告人闭某宝与彭某宇、闭某桂的行为属共同轮奸被害人梁某某的行为，被告人闭某宝积极参与实施犯罪，是主犯，依法应当按照其所参与的全部犯罪处罚。

广西壮族自治区灵山县人民法院依照《中华人民共和国刑法》第二百三十六条第三款第四项等之规定，判决：

被告人闭某宝犯强奸罪，判处有期徒刑十年。

被告人闭某宝提出上诉。广西壮族自治区钦州市中级人民法院经审理后同意一审法院裁判意见。广西壮族自治区钦州市中级人民法院依照《中华人民共和国刑事诉讼法》第二百三十六条第一款第一项、第二百四十四条等之规定，裁定：

驳回上诉，维持原判。

【法官后语】

本案争议的焦点在于行为人闭某宝与共同伙在奸淫幼女时有短暂的时间与场所的间隔是否影响轮奸情节的成立。

轮奸并不是单一的罪名，而属于加重处罚情节。根据刑法的规定，“轮奸”是指两个以上的男子在同一犯罪活动中，以暴力、胁迫或者其他手段对同一妇女或者幼女进行强奸或者奸淫的行为。刑法将“二人以上轮奸的”，作为情节严重的情形之一，可以处10年以上有期徒刑、无期徒刑或者死刑。因此，要成立轮奸情节必须是二人以上出于共同的强奸故意，先后轮流奸污了同一妇女或幼女且两个以上的奸淫行为具有一定的连续性和关联性。具体而言：

一、主观上，要求二人以上出于共同的强奸故意

如果二人以上没有共同的强奸故意，而是前后相继发生单独轮流强奸行为，不能等同于轮奸。本案中，彭某宇奸淫梁某某得逞后将此事告知了闭某宝和闭某桂，后三人商量以送梁某某回家为由带被害人梁某某到一山岭处，以期达到

与被害人梁某某发生性关系的目的。后在山岭处，在被告人闭某宝的威逼下梁某某被迫答应返回彭某宇家中再与闭某宝发生性关系。闭某宝还供述，其与梁某某发生性关系前，梁某某事先已说要和闭某桂一起睡，且闭某桂亦供述在其与梁某某发生性关系后，闭某宝也想和梁某某发生性关系。因此可知，在梁某某被轮奸这一犯罪结果发生的过程中，闭某宝与其同伙对自己所实施的奸淫行为均持积极追求的直接故意，而对其他共犯人对梁某某实施的奸淫行为是放任的间接故意，闭某宝与其同伙虽然不是在事前形成的共同故意，但在犯罪的过程中三人心照不宣，均有共同轮流奸淫梁某某的故意，属于犯罪中形成的共同故意。

二、轮奸情节的成立要求二人以上先后轮流奸淫了同一妇女或幼女且两个以上的奸淫行为具有一定的连续性和关联性

“连续”并不意味着完全没有间隔。换言之，短暂的时间与场所的间隔并不影响轮奸情节的成立。认定是否属于轮奸，不能仅凭时间的长短，而要考察时间的连续性。只要两名或多名男子具有轮流奸淫同一妇女或幼女的共同故意，在较长时间内对一名妇女或幼女实施控制，即使时间间隔较长，甚至不在同一地点实施奸淫行为，那么，对妇女或幼女实施控制的时间就是连续性的，应视为在同一时间段内的轮奸行为。同样，在同一地点强奸也并非认定构成轮奸的必要条件，在不同地点强奸也不能绝对排除轮奸的成立。因此，我们要从时间和空间的角度，考察各共同犯罪人的行为之间是否具有接续性、是否相互补充或者相互协助。只要各共同犯罪人具有轮流奸淫同一妇女的共同故意，对该妇女进行不间断的控制，即使二人或者多人前后实施奸淫的时间间隔相对较长，甚至不在同一地点实施奸淫行为，其犯罪的社会危害性、主观恶性、人身危险性同被害人在同一地点、同一时间段受到多人强奸的犯罪情形是相当的，被害人所遭受的痛苦和恐惧亦是相当的，应以轮奸论处。

本案中，案发当日19时许，彭某宇在其家中房间内奸淫幼女梁某某得逞后将此事告知闭某宝和闭某桂，次日凌晨，三人商量以送梁某某回家为由带被害人梁某某到一山岭处，以期达到与被害人梁某某发生性关系的目的。后在山岭

处，在被告人闭某宝的威逼下梁某某被迫答应返回彭某宇家中再与闭某宝发生性关系。次日凌晨2时许，闭某宝、闭某桂在彭某宇家中不同房间内先后强奸被害人梁某某得逞。在本案强奸的共同犯罪过程中，虽然三人奸淫梁某某的行为有短暂的时间与场所的间隔，但是自案发当日19时许至次日凌晨2时许期间，不论是在同案犯彭某宇家中的多个房间内还是在山岭上，闭某宝与其同伙共同或者单独持续地控制梁某某的人身自由，三人在该期间内实施了轮流奸淫梁某某的行为，三人的行为在时间上、空间上是延续的、关联的，因此三人的行为均成立轮奸情节。

综上所述，短暂的时间与场所的间隔不影响轮奸情节的成立，行为人闭某宝伙同他人奸淫幼女，构成强奸罪，属轮奸，应当以强奸罪的轮奸加重情节予以处罚。

编写人：广西壮族自治区灵山县人民法院　李媛

27

性侵未成年人犯罪案件的证据审查标准问题

——黄某某强奸案

【案件基本信息】

1. 裁判书字号

广西壮族自治区崇左市扶绥县人民法院（2020）桂1421刑初79号刑事判决书

2. 案由：强奸罪

【基本案情】

2020年2月18日中午12时许，被告人黄某某到何某华家中饮酒。下午2

时许，何某华因事外出，留黄某某在其家中独自喝酒。后黄某某进入何某（何某华之女）的房间给其手机充电。何某在玩耍过程中，不慎将黄某某的手机碰掉在地上，黄某某责备何某，称不听话就脱掉裤子打屁股。黄某某在脱何某的裤子时，产生了与何某做爱的欲望，于是用其手指放入何某阴道进行抠摁，并趴在何某身上用其阴茎在何某阴部进行摩擦，使自己射精，而后用纸巾擦拭何某的阴部及其阴茎上的精液，以及洒落在床垫上的精液。当天傍晚，何某的亲属因发现其裤裆有血迹，在查看其阴部并经询问其情况后报警。公安机关于当天晚上将黄某某抓获。经医院诊断，被害人何某的外阴挫裂伤、处女膜裂伤。经鉴定，黄某某的阴茎上检测出何某的STR－DNA分型；被害人何某内裤及现场床垫布片中人精斑PSA检测金标试剂条检验结果阳性、现场床垫布片的沉淀及黄某某阴茎擦拭棉签与黄某某阴茎血样上述相应STR分型相同、现场床垫布片的上精液与何某内裤裤裆部分都检测出由黄某某血样、何某血样相应的混合STR分型。

【案件焦点】

黄某某构成强奸罪还是猥亵儿童罪。

【法院裁判要旨】

广西壮族自治区崇左市扶绥县人民法院经审理认为：黄某某在庭审中明确表示“想和何某做爱”，其主观上有强奸何某的故意；对于未满十四周岁的幼女，只要行为人的生殖器与幼女的生殖器接触，即视为强奸既遂。

被告人黄某某明知被害人是未满十四周岁的幼女，仍与其发生性关系，其行为已构成强奸罪，公诉机关指控黄某某犯强奸罪罪名成立，应处以三年以上十年以下有期徒刑。黄某某曾因犯寻衅滋事罪被判处有期徒刑，本次犯罪在前罪刑罚执行完毕后，五年以内故意再犯应当判处有期徒刑之罪，构成累犯，依法应当从重处罚。根据黄某某犯罪的事实、犯罪的性质、情节和对于社会的危害程度，依照《中华人民共和国刑法》第二百三十六条第一款、第二款、第六十五条第一款、第六十一条，《中华人民共和国刑事诉讼法》第一百八十八条之规定，作出如下判决：

被告人黄某某犯强奸罪，判处有期徒刑七年六个月。

黄某某对广西壮族自治区崇左市扶绥县人民法院的一审判决没有提起上诉，检察机关亦未抗诉，裁判已生效。

【法官后语】

在性侵未成年人“零口供”“不认罪”或“避重就轻”的案件中，如何把握证据标准，根据在案证据精准定罪。

因未成年人的心智发育不健全，辨识能力和表达能力较低，缺失对性的认识，不能理解什么是性侵，加之性侵案件的犯罪过程比较隐蔽，证据形式也比较单一，决定了不能对未成年人性侵案件的直接证据提出过于苛刻的要求。在被告人“零口供”“拒不认罪”或“避重就轻”的情况下，就应当对被害人的陈述持最低采信标准，并以被害人的陈述为核心构建证据锁链，考察案件发生的经过是否自然，证据收集是否合法，被害人的陈述是否真实、合理，与其他证据相结合是否达到“确实、充分”，被告人的辩解是否合理，最终达到证据确实、充分、排除合理怀疑的证明标准。具体到本案：

第一，案发是否及时、自然。本案案发至报警，历时较短，被害人因年幼，缺乏主动反映的意识，但家人及时发现其裤裆有血迹，经询问后报警。从案发到报警较为自然，符合正常的事件发展逻辑。

第二，证据收集的合法性与规范性。公安机关对证据的提取、送检等均需符合法定程序。

第三，考察被害人的陈述是否真实。被害人虽然刚年满七周岁，但其陈述自身经历的过程并不复杂。其在公安机关的两次陈述中均提到“他把我裤子脱掉，然后他也把他的裤子脱掉了，趴在我身上动来动去”。其对被告人的辨认也明确、稳定。其陈述和指认均符合其年龄段幼女的智力发育程度，对其陈述应评价为客观、真实、可信，具有较强的证明力。

第四，考察被告人辩解的合理性。被告人在公安机关讯问中作无罪供述；在庭审的供述中前后矛盾，就用纸巾先擦拭其阴茎还是先擦拭被害人阴部，前后供述不一致。在公诉机关举证后，其推翻了之前的无罪供述，称只是用手指抠被害人阴部，其抠被害人阴部的时候阴茎勃起并欲射精，当其站起身脱裤子射精的时候导致精液溅到床垫上。鉴定部门在其阴茎上检测出被害人的STR－DNA分型以及自己的阴茎沾有被害人的STR－DNA分型是因其用纸巾在女孩阴部以及自己的阴茎之间来回擦拭导致。被告人在庭审中的辩解看似存在合理之处，而当法庭讯问其为何脱被害人裤子时，其称想与被害人做爱。从被害人的主观想法、其供述的犯罪过程以及现场精液撒落的位置等综合来看，存在可疑的情形。

广西壮族自治区崇左市扶绥县人民法院在综合考虑全案的证据后认为被害人的陈述与证人证言、现场勘验情况、鉴定意见等形成了完整的证据链条，达到了证据确实充分、排除合理怀疑的证明标准，应以强奸罪定案。

司法机关如何从最大保护未成年人利益的角度出发，精准打击性侵未成年人犯罪？本案对证据的认定审查，有值得借鉴之处：

1. 对被害人的言辞证据采取最低的标准，即被害人能够理解真实和虚幻的差别，能够观察、记住并且用简单的语言描述案发时的情形，该语言符合其年龄、智力与认知发展水平，被害人也能够理解说真话的义务就已达到采信的标准。

2. 采取宽松的印证规则。性侵未成年人案件由于其隐蔽性，加之未成年人缺乏自我保护意识、法律意识和证据保存意识，案发后往往缺乏直接证据，这就需要采取宽松的印证规则，印证只是判断被害人陈述可信性的一种方式，并不是唯一的方式。

3. 建立以未成年被害人陈述为核心的证据锁链。性侵未成年案件由于其特殊性、隐蔽性，证据采集的困难性等特点，性侵案件往往只存在言辞证据，而被害人的陈述是认定案情的一项重要证据。为严厉地打击此类犯罪行为，保护未成年人的合法权益，应建立以未成年被害人陈述为核心的证据锁链，且该证据锁链达到“证据确实、充分”的证明标准即可，不能仅仅狭义地解释为“各证据之间相互印证”。

编写人：广西壮族自治区崇左市扶绥县人民法院　石莉娟

28

强奸案中既未遂及轮奸的认定

——韦某某、黄某某强奸案

【案件基本信息】

1. 裁判书字号

广西壮族自治区崇左市中级人民法院（2020）桂14刑终169号刑事裁定书

2. 案由：强奸罪

【基本案情】

2020年3月初，被告人韦某某与被害人吴某某在网络平台相识并互加微信。2020年3月12日下午，被告人黄某某和韦某某与吴某某见面后，到吴某某家中吃饭。当日23时许，黄某某驾驶桂FJ××××小型轿车搭载韦某某、吴某某、巴某某、田某到某烧烤店喝酒。因吴某某在车上已醉酒便没有下车，韦某某以照顾吴某某为由也留在车上。次日凌晨，黄某某叫车将巴某某、田某送回家后，韦某某欲与吴某某发生性关系便叫黄某某去开房，但黄某某找了两个酒店都没有钟点房。韦某某、黄某某便商议驾车到偏僻处奸淫吴某某。黄某某便驾车到一处偏僻的公路边停车后，韦某某在车后座奸淫醉酒的吴某某，黄某某在车外等待。韦某某奸淫吴某某后下车，黄某某返回车上欲奸淫吴某某时，吴某某酒醒并反抗，黄某某便停止奸淫行为，后开车将吴某某送至某汽车站附近。黄某某、韦某某驾车离开后接到吴某某家属电话，又返回汽车站，在汽车站韦某某被吴某某及其家属拉住，黄某某开车逃离，民警赶到后将韦某某抓获。

【案件焦点】

1. 韦某某与黄某某是否构成轮奸；2. 被告人黄某某是犯罪既遂还是未遂；3. 本案的主从犯如何认定。

【法院裁判要旨】

广西壮族自治区崇左市宁明县人民法院经审理认为：被告人韦某某、黄某某违背妇女意志，轮流强行与妇女发生性关系，其行为已构成强奸罪，并具有轮奸情节。在共同犯罪中，韦某某提出犯意，黄某某积极配合并提供帮助，二人在本案中均起主要作用，均系本案的主犯，二人应对其所参与的全部罪行承担责任，故黄某某辩护人提出黄某某系从犯的辩护意见，本院不予采纳。案发后，黄某某能主动向公安机关投案，并如实供述了犯罪事实，系自首，依法可以从轻或减轻处罚。黄某某辩护人提出黄某某构成自首的辩护意见，符合案件事实，本院予以采纳。韦某某归案后能如实供述其犯罪事实，依法可以从轻处罚。韦某某、黄某某自愿赔偿吴某某人民币三万元并得到谅解，可酌情从轻处罚。根据韦某某、黄某某犯罪的事实、性质、情节以及对社会的危害程度，依照《中华人民共和国刑法》第二百三十六条第三款第四项、第二十五条第一款、第二十六条第一款、第四款、第五十五条第一款、第五十六条第一款、第六十七条第一款、第三款之规定，判决如下：

一、被告人韦某某犯强奸罪，判处有期徒刑十年，剥夺政治权利一年；

二、被告人黄某某犯强奸罪，判处有期徒刑六年。

一审判决后，被告人提出上诉。广西壮族自治区崇左市中级人民法院经审理认为：上诉人韦某某、黄某某违背妇女意志，轮流与被害人吴某某发生性关系，根据《中华人民共和国刑法》第二百三十六条之规定，二人的行为构成强奸罪，并具有轮奸情节。在共同犯罪中，韦某某提出犯意，并实施了强奸行为，黄某某积极配合并提供帮助，并着手实施强奸，二人在本案中均起主要作用，均系主犯，二人应对其所参与的全部犯罪事实承担责任。案发后，黄某某能主动到公安机关投案，并如实供述其犯罪事实，系自首，依法可以从轻或减轻处罚。韦某某归案后能如实供述其犯罪事实，依法可以从轻处罚。韦某某、黄某某自愿赔偿吴某某人民币三万元并得到谅解，可酌情从轻处罚。一审认定的事实清楚，定罪准确，适用法律正确，量刑适当，审判程序合法。二上诉人的上诉理由和辩护人的辩护意见与事实不符，法院不予采纳。依照《中华人民共和国刑事诉讼法》第二百三十六条第一款第一项之规定，裁定：

驳回上诉，维持原判。

【法官后语】

本案处理重点主要在于对两个被告人一人既遂一人未遂的强奸案如何认定、既未遂是否构成轮奸及主从犯的认定。关于被告人韦某某与黄某某是否构成轮奸的问题。轮奸是指二名以上男子基于共同的强奸故意，在同一段时间先后对同一被害人实施强奸的行为。本案中，被告人韦某某见吴某某醉酒后，想与吴某某发生性关系并告知了黄某某。黄某某在得知韦某某想奸淫吴某某后，让与吴某某同行的巴某某、田某先行离开，在车上与韦某某商议去开房，但因找不到钟点房后，韦某某与黄某某又商议将车开到偏僻处奸淫吴某某。黄某某供述称系其与韦某某商议将车开到偏僻处后二人一起奸淫吴某某；被害人吴某某陈述其听到二人商议轮流强奸其，但其因醉酒无法反抗也不敢反抗。从全案黄某某及韦某某实施的行为来看，二人具有共同强奸的故意，即趁吴某某醉酒无意识之际进行强奸。韦某某强奸吴某某时，吴某某并无反应及反抗，但黄某某欲对吴某某进行强奸时，因吴某某有了比较清醒的意识并能进行阻止的动作后，黄某某才未得逞，韦某某亦是在吴某某清醒并反抗后才阻止了黄某某的行为。虽然黄某某的行为未得逞，但并不影响对二被告人具有轮奸情节的认定。

关于被告人黄某某是犯罪既遂还是未遂的问题。根据共同犯罪“一人既遂，全体既遂”的基本原理，只要共同行为人中有一人的犯罪行为得逞，各共同行为人的犯罪行为均认定为犯罪既遂。在本案中，轮奸并非单独的罪名，而是强奸罪的情节加重犯，该情节本身只是构成与不构成的问题，而不涉及犯罪既遂与未遂的停止形态问题，被告人韦某某的强奸行为已得逞，虽然黄某某强奸未得逞但应认定为强奸犯罪的既遂，但量刑时可予以考虑。

关于主从犯的认定问题。在共同犯罪中，韦某某提出犯意，黄某某明知韦某某欲与被害人发生性关系，先让被害人同村的田某某、巴某离开，然后开车找钟点房，未找到钟点房时，与韦某某商量找个偏僻的地方强奸被害人，随后驾驶自己的车辆将被害人带到一处荒僻黑暗的路边，在韦某某与被害人发生性关系时还提供避孕套给他，黄某某为韦某某强奸被害人积极提供条件，二人在本案中均起主要作用，均系本案的主犯，二人应对其所参与的全部罪行承担责任。

被告人的行为已构成强奸罪，具有轮奸情节，且应认定为二人既遂，二被告人在本案中均起主要作用，依法应予惩处。

编写人：广西壮族自治区崇左市宁明县人民法院　黄秋玲

29

非典型暴力强奸罪中“违背妇女意志”的认定

——郭某鉴强奸案

【案件基本信息】

1. 裁判书字号

北京市第二中级人民法院（2020）刑终第521号刑事裁定书

2. 案由：强奸罪

【基本案情】

2019年10月4日14时许，被告人郭某鉴在某小区某号房间内，使用暴力手段致被害人薄某某不敢反抗，后违背薄某某意志与之发生性关系。经鉴定，被害人薄某某左上臂外伤，损伤程度属轻微伤。

【案件焦点】

发生强奸时未采用暴力手段，如何判断是否“违背妇女意志”。

【法院裁判要旨】

北京市丰台区人民法院经审理认为：被告人郭某鉴的供述、被害人薄某某的陈述、伤情鉴定等证据能够相互印证，证明案发当日薄某某不想去郭某鉴暂住地附近吃饭、不想进入郭某鉴暂住地、郭某鉴进行亲密行为时薄某某在言语及行动上均予反抗、郭某鉴为压制被害人反抗而采取暴力行为并致被害人轻微伤等事实，由此可见被害人一直抗拒与被告人发生性行为，其有关在遭受暴力侵害后由于害怕而被迫同意发生性行为的陈述符合常理，即使在真正发生性行为时被害人没有明显的反抗行为，但由于被告人郭某鉴此前实施暴力行为的威慑依然存在，进而造成被害人不敢反抗，且被害人没有任何诬陷被告人实施强奸行为的动机和理由。综上，本案可以认定被告人郭某鉴违背被害人意志而与之发生性关系。依照《中华人民共和国刑法》第二百三十六条第一款、第六十四条、第六十一条之规定，判决如下：

一、被告人郭某鉴犯强奸罪，判处有期徒刑三年；（刑期自判决执行之日起计算。判决执行以前先行羁押的，羁押一日折抵刑期一日，即自2019年10月9日起至2022年10月8日止。）

二、在案扣押手机一部，予以没收。

郭某鉴提起上诉。北京市第二中级人民法院经审理认为：上诉人郭某鉴违背妇女意志，在使用暴力使被害人不敢反抗的情况下强行与被害人发生性关系，其行为已构成强奸罪，依法应予惩处。经查，本案事实清楚，证据确实、充分，定罪及适用法律正确，量刑适当，审判程序合法，扣押物品处理正确，应予维持。

北京市第二中级人民法院依照《中华人民共和国刑事诉讼法》第二百三十六条第一款第一项之规定，裁定：

驳回上诉，维持原判。

【法官后语】

本案中的强奸行为并非传统的暴力行为，发生性行为时行为人没有采取暴力行为，被害人亦没有明显的反抗，但是综合全案证据判断，郭某鉴构成强奸罪。本案的重心在于判断在发生性行为之前，行为人的暴力行为是否达到使被害人明显难以反抗的程度。郭某鉴在与被害人发生性行为之前，抱住被害人、脱下其衣服时，曾遭到被害人的激烈反抗，此时郭某鉴通过暴力手段压制住薄某某，致薄某某轻微伤。该暴力行为本身并不严重，并未达到使被害人在此之后不能反抗的程度。但"胁迫"亦是强奸罪中的行为手段，以程度较低的暴力手段进行压制、恐吓也属于胁迫，因此暴力行为即使未达到致使受害者反抗的程度，也应视为暴力胁迫的一种。郭某鉴的暴力行为已经展示了二人之间的力量差距，给薄某某造成了心理恐惧，通过这一暴力胁迫，足以起到震慑作用。前期大声呼救未能得到他人的帮助，反而更加激怒郭某鉴，因而此时薄某某亦不敢再次呼救。这种胁迫造成的心理恐惧是薄某某在发生性行为时没有反抗的根本原因。

从时间上看，暴力、胁迫行为不要求在发生性关系的同时进行，既可以是在发生之前进行，也可以在事后实现。本案中郭某鉴在实施暴力后，间隔了一段时间与薄某某发生性关系，此时二人单独处于一间封闭的房间，薄某某通过反抗逃脱、防止性行为发生的可能性非常小，郭某鉴所造成的暴力性威慑依然存在，被害人始终处于无法反抗的不利地位，其人身安全依然面临威胁，因而在发生性行为时没有激烈反抗行为合理。综合来看，郭某鉴的行为违背了薄某某的意志，构成强奸罪。

实践中发生的强奸案件情况复杂，无证据证明发生性行为时存在暴力压制的强奸案件时有发生。在典型的强奸罪案件中，行为人实施暴力、胁迫或其他手段以及妇女的反抗均是违背妇女意志的外在表现。但在非典型强奸罪中，判断是否"违背妇女意志"不能仅关注暴力行为，更要从保护妇女权益出发，考虑案发全过程中，行为人采取的手段、案发时的场景、呼救或逃脱的可能性、被害妇女的性格特点等全部主客观条件，进行综合判断，得出更加合理的结论。

编写人：北京市丰台区人民法院　王祎　李红华

30

强奸罪共犯的认定及绑架过程中抢劫的具体罪名适用

——许某某等绑架、强奸、强制猥亵案

【案件基本信息】

1. 裁判书字号

北京市第二中级人民法院（2020）京02刑终246号刑事裁定书

2. 案由：绑架罪、强奸罪、强制猥亵罪

【基本案情】

许某某、韩某某、王某某、安某某、孙某涛、孙某波、常某某等恶势力犯罪团伙，于2018年6月至2018年8月，先后以勒索财物为目的将多名被害人骗至约定地点，对其实施绑架、强奸、强制猥亵等犯罪活动，勒索、劫取财物共计人民币二十余万元，严重扰乱社会生活秩序，造成恶劣社会影响。具体犯罪事实如下：

一、绑架的事实

2018年6月22日15时许，被告人许某某、韩某某、王某某、孙某涛、孙某波以勒索财物为目的，将约来的卖淫女胡某某强行带至汽车内，后采用殴打、蒙眼等手段将胡某某胁迫至某镇附近，其间，抢走胡某某随身携带的手机一部及现金人民币200元，后以胡某某的人身安全相威胁向胡某某的朋友谢某某索要赎金人民币3万元，赎金到账后将胡某某释放。经鉴定，涉案手机价值人民币800元。

二、绑架、强制猥亵的事实

2018年6月26日1时许，被告人许某某、韩某某、王某某、孙某涛、孙某

波、常某某以勒索财物为目的，将约来的李某某强行带至汽车内，采用殴打、蒙眼等手段，将李某某胁迫至某镇附近，后以李某某的人身安全相威胁向其家属汤某某索要赎金人民币 5 万元未果，后将其释放，其间，抢走李某某随身携带的红手机一部，经鉴定价值人民币 920 元。被告人韩某某在车内控制李某某的过程中，强行让李某某为其口交。

三、绑架、强奸的事实

2018 年 8 月 24 日 13 时许，被告人许某某、韩某某、王某某、安某某以勒索财物为目的，将约来的卖淫女曹某某、郑某某强行带至某小区某室，其间，采用捆绑、殴打、威胁等手段，逼迫曹某某、郑某某提供手机微信、支付宝、银行卡等交易密码，劫取二人钱款共计人民币 179100 元，并将曹某某随身携带的身份证、学生证、黑色双肩包一个、手机二部（一部为粉色 vivo 牌 X9 型号手机，另一部为银色苹果牌 iPhone X 型号手机）、银行卡三张、郑某某随身携带的身份证、学生证、白蓝粉手提包一个、银行卡二张、手机一部（黑色苹果牌 iPhone X 型号手机）均抢走。后许某某、韩某某、王某某、安某某以郑某某和曹某某的人身安全相威胁向其朋友陈某某索要人民币 30 万元未果。同时，在曹某某、郑某某被胁迫控制期间，许某某、韩某某多次对曹某某、郑某某实施强奸。经鉴定，郑某某被劫取的 iPhone X 黑色手机 1 部，价值人民币 4480 元；曹某某被劫取的 vivo X9 手机和 iPhone X 银色手机各 1 部，分别价值人民币 630 元和 7310 元；曹某某被劫取的黑色背包 1 个，价值人民币 40 元。

【案件焦点】

1. 第三起犯罪中，被告人王某某有开车行为，被告人安某某有租房行为，二被告人是否构成强奸罪（从犯）；2. 第三起犯罪中，数名被告人在绑架二被害人后，又当场劫取二被害人将近 20 万元的财物，该起犯罪事实应评价为绑架罪还是抢劫罪。

【法院裁判要旨】

北京市大兴区人民法院经审理认为：被告人许某某等人形成恶势力犯罪团

伙后，被告人许某某伙同他人以勒索财物为目的绑架他人；又以暴力、胁迫等手段强奸妇女，其行为分别构成绑架罪、强奸罪，依法应予惩处，且一人犯数罪，依法数罪并罚。被告人韩某某伙同他人以勒索财物为目的绑架他人；又以暴力、胁迫等手段强奸妇女；还以胁迫方法强制猥亵妇女，其行为分别构成绑架罪、强奸罪、强制猥亵罪，依法应予惩处，且一人犯数罪，依法数罪并罚。被告人王某某、安某某、孙某涛、孙某波、常某某伙同他人以勒索财物为目的绑架他人，其行为均构成绑架罪，依法应予惩处。北京市大兴区人民检察院指控被告人许某某、韩某某、王某某、安某某结伙以勒索财物为目的绑架曹某某和郑某某并当场劫取被害人财物的事实清楚，证据确实充分，本院予以支持；但指控四名被告人犯抢劫罪的罪名不当，本院依法更正为绑架罪。北京市大兴区人民检察院指控被告人王某某、安某某犯强奸罪（从犯）的事实不清、证据不足，指控罪名不成立。

北京市大兴区人民法院依照《中华人民共和国刑法》第二百三十九条第一款、第二百三十六条第一款、二十五条第一款、第二十七条之规定，作出如下判决：

一、被告人许某某犯绑架罪，判处有期徒刑十四年六个月，剥夺政治权利三年，并处罚金人民币四十五万元；犯强奸罪，判处有期徒刑八年，剥夺政治权利一年；决定执行有期徒刑十九年，剥夺政治权利四年，并处罚金人民币四十五万元；

二、被告人韩某某犯绑架罪，判处有期徒刑十四年，剥夺政治权利三年，并处罚金人民币四十二万元；犯强奸罪，判处有期徒刑五年；犯强制猥亵罪，判处有期徒刑一年；决定执行有期徒刑十六年六个月，剥夺政治权利三年，并处罚金人民币四十二万元；

三、被告人王某某犯绑架罪，判处有期徒刑十四年六个月，剥夺政治权利三年，并处罚金人民币四十五万元；

四、被告人安某某犯绑架罪，判处有期徒刑十一年六个月，剥夺政治权利二年，并处罚金人民币二十四万元；

五、被告人孙某涛犯绑架罪，判处有期徒刑十一年，剥夺政治权利二年，并处罚金人民币二十二万元；

六、被告人孙某波犯绑架罪，判处有期徒刑十年六个月，剥夺政治权利二年，并处罚金人民币二十二万元；

七、被告人常某某犯绑架罪，判处有期徒刑五年，并处罚金人民币十万元。

一审宣判后，被告人许某某、孙某波、孙某涛不服判决提出上诉，北京市第二中级人民法院经审理认为：一审法院根据各被告人犯罪的事实、犯罪的性质、情节、在共同犯罪中的作用和对社会的危害程度所作的判决，事实清楚，证据确实、充分，定罪及适用法律正确，量刑适当，审判程序合法，对在案扣押物品的处理亦无不当，应予维持。本院依照《中华人民共和国刑事诉讼法》第二百三十六条第一款第一项之规定，裁定：

驳回上诉，维持原判。

【法官后语】

本案处理重点主要在于第三起犯罪事实的定性上。在这起事实中的争议焦点主要有两个：一是王某某的开车行为、安某某的租房行为是否属于强奸的帮助行为，是否构成强奸罪（从犯）；二是该起犯罪应评价为绑架罪还是抢劫罪。

一、强奸罪共犯的认定

（一）共同犯罪的认定应坚持主客观相统一的原则

认定共同犯罪，必须有共同的犯罪行为，且必须存在共同犯罪故意。

就共同的犯罪行为而言，行为是多种多样的。例如，从分工形式来说，有实行行为、教唆行为、帮助行为等。从实行的先后顺序上，有同时实行、先后实行等。但不论犯罪行为的形式如何，均需要二人以上共同实行或者参与。

就共同的犯罪故意而言，要求共犯人之间有共同的犯罪故意，且各个共犯人之间有意思联络，认识到自己与对方一起共同实施犯罪，在主观犯罪意图上形成一体化。

（二）本案被告人王某某、安某某是否构成强奸罪共犯

在第三起的犯罪事实中，在对被害人进行控制期间，王某某有开车行为，

安某某有租房行为。检察院据此指控，王某某和安某某构成强奸罪（从犯）。因为二被告人的相关行为系对许某某、韩某某强奸行为起到了帮助作用，属于共同犯罪。

合议庭经评议认为，共同犯罪的认定应当坚持主客观相统一的原则。本案数名被告人的共同犯罪故意是绑架卖淫女，向“妈咪”索要赎金，同时劫取卖淫女财物，在该犯罪故意的支配下实施了约被害人出来、限制人身自由、暴力威胁等一系列行为。虽然王某某的开车、安某某的租房相关行为客观上确实为后续强奸行为的发生起到了帮助作用，但是现有证据证明二人实施相关行为的主观故意不是为了给强奸提供帮助，而是要限制被害人的自由，从而达到勒索或者劫取财物的目的。在不具备强奸的犯罪故意时，即便被告人的行为客观上便利了强奸，也不能认定为系强奸的帮助行为，从而构成强奸罪共犯。王某某、安某某的相关行为应评价在谋财犯罪（绑架罪或者强奸罪）中，而不能被评价为强奸罪的帮助犯。

二、绑架过程中抢劫的具体罪名适用

就第三起犯罪事实而言，数名被告人结伙绑架二被害人，虽未实际勒索到第三人的财物，但因已实际控制人质，故构成绑架罪既遂。在此过程中，被告人又利用暴力、威胁行为压制被害人反抗的状态，当场取走被害人财物，又构成抢劫罪，且抢劫数额近人民币20万元，属于数额巨大。

行为人在绑架过程中，又以暴力、胁迫等手段当场劫取被害人财物，构成犯罪的，择一重罪处罚。

而择一重罪如何适用？《最高人民法院关于适用刑法第十二条几个问题的解释》明确了比较刑罚轻重的原则，即比较法定刑，法定最高刑较重的则刑罚较重，如果法定最高刑相同，法定最低刑较轻的则刑罚较轻。如果刑法规定的某一犯罪只有一个法定刑幅度，法定最高刑或者最低刑是指该法定刑幅度的最高刑或者最低刑；如果刑法规定的某一犯罪有两个以上的法定刑幅度，法定最高刑或者最低刑是指具体犯罪行为应当适用的法定刑幅度的最高刑或者最低刑。

绑架罪和抢劫罪均有多个量刑幅度，因而应从具体犯罪行为应当适用的法定刑幅度的最高刑或者最低刑来衡量孰为处罚较重之罪。以该原则为依据进行判断，本案没有致被害人死亡，故被告人涉嫌的绑架罪法定刑为十年以上有期徒刑或者无期徒刑，并处罚金或者没收财产；抢劫数额巨大，法定刑为十年以上有期徒刑、无期徒刑或者死刑，并处罚金或者没收财产。单就法定刑而言，抢劫罪最高为死刑，因此重于绑架罪。

根据上述逻辑得出的结论是第三起犯罪事实应定性为抢劫罪，检察院也是据此指控的，合议庭在进行评议时也一度倾向此结论，但是合议庭最终却没有采纳该结论，而是认为该案从犯罪的整体性进行把握，认定该案构成绑架罪。

在案证据显示该恶势力团伙在2018年6月至8月，多次作案，利用卖淫女不敢报警的心理，实施绑架并向“妈咪”索要赎金，在控制人质的过程中进行抢劫。需要说明的是被害人本身因涉嫌违法，故报案人数有限，目前查实的仅为检察院指控的三起犯罪事实。而根据各被告人的供述，在三起犯罪事实之外，尚存在其他绑架并同时劫取被害人少量财物的犯罪线索（未被查实）。该恶势力团伙短时间内多次连续作案，且犯罪故意、数起犯罪的行为方式基本相同。合议庭认为在此种情况下，不宜将第三起犯罪事实割裂开来，而应该置于全部犯罪事实中进行整体把握。本案的前两起犯罪事实抢劫数额不大，其法定刑为三年以上十年以下有期徒刑，并处罚金。而绑架罪的法定刑为十年以上有期徒刑或者无期徒刑，并处罚金或者没收财产。依照刑罚轻重的比较原则，显然前两起犯罪事实应评价为绑架罪。合议庭认为，整体比较，绑架的法定刑重于抢劫，故第三起犯罪事实宜评价为绑架罪。

编写人：北京市大兴区人民法院　黄淘涛　陈金金

31

“网友见面”型强奸罪与非罪的认定思路

——付某某强奸案

【案件基本信息】

1. 裁判书字号

北京市顺义区人民法院（2020）京0113刑初502号刑事裁定书

2. 案由：强奸罪

【基本案情】

付某某系某房屋中介销售员，被害人刘某某无固定职业，二人通过某A聊天软件相识。不久后，二人相约见面，2019年9月19日21时许，付某某驾驶一辆白色宝马3系轿车到刘某某住处附近接刘某某，付某某驾车带刘某某前往其临时约租的某出租房，二人进入房间后一起聊天、喝酒、吃饭。从该二人到房间至次日凌晨3时32分离开该小区，再到从凌晨3时32分至凌晨4时许刘某某拦车寻求帮助报警这两个时间段内，被告人与被害人发生了性关系，且亦在被害人胸部试子检材中检出混合基因型，不排除包含付某某的DNA分型，但现无确实充分的证据证实二人发生性关系的具体时间段、地点以及被告人是否违背被害人意志与其发生性关系。凌晨5时许，被害人刘某某至公安机关报警称其被人强奸，民警根据被害人提供的车牌号锁定被告人付某某，后于2019年10月17日将付某某传唤到案。

【案件焦点】

被告人与被害人均承认二人发生了性关系，但双方所述发生性关系的时间、地点明显不同，指控证据体系较为薄弱，本案能否依据在案证据，并根据生活常理与经验法则逐一排除合理怀疑，认定指控的强奸事实。

【法院裁判要旨】

北京市顺义区人民法院经审理认为：第一，被告人与被害人对案发时间、地点的供证存在冲突，且无其他证据予以佐证。被害人陈述其在被告人车上的副驾驶位被强奸，而被告人供述发生性关系的地点为莱茵湾小区客房内，且因案发位置不同，案发时间不能重合、出入较大。第二，被害人对发生性关系的主观态度难以判断。一是被害人身体未出现一般强奸犯罪中因反抗造成的常见损伤，虽坚称被告人违背其意志强行与其发生性关系，但也承认被告人没有对其使用暴力及其他威胁手段，之所以没有反抗的解释是认为在车内封闭的空间内反抗没用，为了保护自己才放弃反抗；二是被害人与被告人通过社交软件认识不足一个月后便相约于晚上见面，并一同前往被告人开好的房间内喝酒、玩游戏至案发当日凌晨1时许，综合考虑二人相识时间、感情基础、约见时间、被害人无稳定收入来源等相关因素不能排除被告人始终辩称的案发前二人已达成金钱交易的性行为约定，后因价钱问题未谈妥案发的可能性。第三，公诉机关指控在车内发生性侵行为的作案时间相对不足。根据被害人所述并通过高德地图查询，被告人难以在三四十分钟内驾车行驶经过有10余处红绿灯、距离10余公里的路程后，在车内副驾驶相对有限的空间内实施强奸行为。第四，被害人报警前后要求被告人承担法律责任的态度变化较大。被害人报案后即回老家，侦查取证过程不配合办案机关工作，拒绝提供涉案手机，导致可能证明二人见面动机、目的的相关聊天记录未能提取，导致侦查工作受阻，影响涉案定罪证据的收集。

本案宣判前，公诉机关以出现新证据为由申请撤回对被告人付某某的起诉。经审查，北京市顺义区人民检察院申请撤回对被告人付某某的起诉符合法律规定，裁定如下：

准许北京市顺义区人民检察院撤回对被告人付某某的起诉。

宣判后，被告人付某某未上诉，该裁定现已生效。

【法官后语】

近些年，随着网络社交方式的兴起，社交活动异常活跃，由此引发的“线上相识、线下见面”的性侵犯罪时有发生，审理该类性侵犯罪一般存在以下难点：一是当事人之间以朋友、知己或情侣相称，故相约见面动机、目的较难辨别，且作为取证范围的聊天记录易被当事人删减，取证难度较大；二是对发生性关系时被害人主观态度的判断，有些女性事前愿意、事中不愿意，有些事前愿意、事后不愿意，更有事前即不愿意，但被迷奸，抑或虽不愿意、但未明显反抗而半推半就的，实践中情形较为复杂；三是案发后被告人多以被害人自愿为由进行辩解，而被害人则予以否认，供证之间对立，需综合全案证据进行谨慎判定。

本案处理重点集中在如何对同时存在上述认定难点的证据进行认定。审理中，有观点认为被告人构成强奸罪，理由是被告人在是否与被害人发生性关系这一事实上的供述从多次否认到承认，明显在故意隐瞒事实，且其辩解被害人在房间内发生性关系后洗了澡与从被害人胸部试子检材中检出被告人DNA的事实相悖，若被害人事后洗澡则在其私密部位检出被告人基因的可能性极小，综合被告人前后的供述态度和内容，其供述真实性存疑；同时，被害人与被告人通过社交软件认识不足一个月，案发前未曾见过面，仅通过手机聊天、玩游戏进行交流，不具备自愿发生两性关系的感情基础，被害人否认自愿与被告人发生性关系且对案发过程陈述较为具体，加之案发后向路人寻求帮助其及时到派出所报警，故可以认定强奸罪的指控。

上述意见未被采纳，理由是上述证据不能排除其他合理怀疑。刑事案件的办理必须坚持证据裁判原则，办案强奸犯罪也不例外，即使是“一对一”证据，也应从证据收集、审查、认定的三个环节，程序合法、实体公正两个方面判定罪与非罪：（1）定罪量刑的事实都有证据证明；（2）定案的证据均经法定程序查证属实；（3）已排除所认定事实可能存在的合理怀疑。本案中，在是否违背被害人意志上，双方各执一词，且在案的其他间接证据亦排他性地佐证，且案发时间、地点也未能查实，综合未取证到被害人身体损伤情况、被害人事后不配合侦查取证工作，本案不能排除“事前同意、事后报警”的可能，无法形成认定强奸事实的内心确信。

办理被告人不认罪的“网友见面”型强奸案时，除需常规审查当事人之间的供证情况、暴力强迫和反抗情况以及案发现场勘验、基因提取情况等，还应同时注意审查以下几个方面：(1) 当事人相识过程，交往密切程度及相处关系；(2) 相约见面的时间、地点、有无金钱往来关系；(3) 被害人的职业、生活收入来源；(4) 报案与案发的时间跨度及报案后被害人配合取证的态度。通过综合判断被告人与被害人相约的动机、目的，发生性关系时的感情基础，对被告人追刑态度，进而排除非罪的合理怀疑。该案系较为典型的“网友见面”型强奸案，其认定思路和证据裁判标准具有较强的实践指导意义。

编写人：北京市顺义区人民法院　王海龙

（五）强制猥亵罪

32

网络猥亵儿童案中被告人主观明知的认定

——张某猥亵儿童案

【案件基本信息】

1. 裁判书字号

广西壮族自治区柳州市中级人民法院（2020）桂02刑终335号刑事裁定书

2. 案由：猥亵儿童罪

【基本案情】

2019 年 6 月 23 日晚，被害人李甲（2008 年 10 月出生）在家中登上 QQ 里面的一个聊天软件随机匹配窗口时，与被告人张某相识，后张某主动加李甲为好友，李甲予以通过。而后，张某了解到李甲是未成年人，仍使用淫秽语言与之进行聊天，还发送淫秽图片及视频给李甲观看，允诺将情趣玩具送给李甲，并通过发微信红包的方式将 100 元转给李甲做诱饵，教唆李甲抚摸自己的身体，并拍摄自己的裸露上半身及下半身隐私部位的照片发送给其观赏手淫自慰，同时也自拍其性器官的照片并发送给李甲。

2019 年 6 月 24 日，被害人李甲的父亲发现李甲 QQ 聊天中有淫秽语言、图片及视频后，于 2019 年 6 月 26 日向公安机关报案。2020 年 6 月 1 日，被告人张某被公安机关抓获归案，并缴获作案工具“小米”牌 Mix 2S 型手机 1 台（白色）。

【案件焦点】

1. 网络猥亵中，被告人是否明知被害人为未成年人；2. 本案 QQ 及微信聊天记录截图的获取是否合法。

【法院裁判要旨】

广西壮族自治区柳州市柳北区人民法院经审理认为：被告人张某为了满足其性刺激，明知被害人系未成年少女，仍利用网络通过语言及物质引诱的方式，诱使被害人自拍其隐私部位的照片并发送供其观赏手淫自慰，亦将自己性器官照片发送给被害人观看，其行为构成猥亵儿童罪，应从重处罚。对于辩护人的辩护意见，（1）张某猥亵李甲时是否明知其系未成年人的问题，从本案的现有证据看，张某 6 月 23 日晚和李甲聊天，引诱李甲拍摄其隐私部位照片并发给其观看时，曾说道“下面毛毛还没长全”等字句，说明李甲的第二性特征尚未发育成熟，作为成年人的张某应该意识到李甲系未成年人。庭审中，张某也承认其在让李甲拍隐私照片发送给其时知道李甲是未成年人，故辩护人认为张某在猥亵李甲时不知道李甲系未成年人的辩护意见与本案事实不符，不予采信。（2）关于本案的 QQ 及微信聊天截图的获取是否合法的问题，从接受证据材料清单看，附卷的张某与李甲的 QQ 及微信聊天截图均系李甲之父李乙自行打印出来提交给公安机关，来源合法，且已经张某辨认并认可系其与李甲的聊天内容，故辩护人认为聊天截图不能作为定案依据的辩护意见亦不能成立，不予采信。

广西壮族自治区柳州市柳北区人民法院依照《中华人民共和国刑法》第二百三十七条第一款、第三款、第六十七条第三款、第六十四条之规定，作出如下判决：

一、被告人张某犯猥亵儿童罪，判处有期徒刑二年；

二、作案工具“小米”牌 Mix 2S 型手机 1 台（白色），依法予以没收。

张某提起上诉称，其与被害人聊天时并不知道被害人未满 14 周岁，是第二天询问年龄才知晓，原判量刑过重，其自愿认罪认罚，请求二审法院从轻处罚。

指定辩护人的辩护意见与一审时一致，且认为一审判决量刑畸重。

广西壮族自治区柳州市中级人民法院经审理认为：张某的行为构成猥亵儿童罪，且应从重处罚。关于张某及其指定辩护人提出的上诉及辩护意见，原判已予充分驳斥。原判量刑适当且二审期间张某无其他法定从轻或者减轻处罚的情节，故对张某请求从轻处罚的上诉意见，不予采纳。

广西壮族自治区柳州市中级人民法院依照《中华人民共和国刑事诉讼法》第二百三十六条第一款第一项的规定，作出如下裁定：

驳回上诉，维持原判。

【法官后语】

本案主要有两个争议焦点：其一，张某是否明知被害人为未成年人；其二，本案 QQ 及微信聊天记录截图的获取是否合法。

1、张某主观明知的认定

2013 年 10 月 23 日，最高人民法院、最高人民检察院、公安部、司法部联合发布《关于依法惩治性侵害未成年人犯罪的意见》，对包括猥亵儿童罪在内的性侵害未成年人犯罪作出规定，对于不满十二周岁的被害人实施奸淫等性侵害行为的，应当认定行为人“明知”对方是幼女。亦即原则上，对不满十二周岁的被害人实施性侵害行为的，可以肯定行为人明知其为幼女。

但本案的特殊之处在于，张某通过网络与李甲相识，素未谋面，双方仅通过QQ及微信交流，若单凭被害人不满十二周岁而直接认定张某主观明知对方为幼女，未免有扩大刑罚之嫌。因此在此种情况之下，应结合附卷证据，综合论证张某是否明知对方为未成年人。本案中，一、二审法院都认为，李甲有告知张某其上“初二”，张某在和李甲的聊天记录里有说道“你的咪咪还小呢”“下面毛毛还没长全”等字句，且在其利诱之下，李甲有向其发送隐私部位照片，因此张某可以清楚地知道李甲的第二性特征尚未发育成熟，且庭审中，张某也自认在唆使李甲拍摄隐私照片时对其为未成年人是知情的。

可见，张某主观上对李甲为未成年人是明知的。

2、QQ及微信聊天截图的获取是否合法

根据《中华人民共和国刑事诉讼法》第五十八条第二款的规定，当事人及其辩护人、诉讼代理人有权申请人民法院对以非法方法收集的证据依法予以排除。申请排除以非法方法收集的证据的，应当提供相关线索或者材料。张某的辩护人虽提出聊天记录截图系非法获取的辩护意见，却并未提供相应的线索或证明材料。经查，本案中，张某与李甲之间的聊天记录截图由李甲之父自行打印提交给公安机关，并有接受证据材料清单予以佐证，来源合法，且在案件侦查以及法庭调查举证、质证阶段，张某都对出示的30页截图予以辨认并认可，因此附卷的QQ及微信聊天记录截图已经查证属实，可以作为定案证据使用。

综上，张某明知被害人系未成年人，仍诱使被害人拍摄隐私照片供其手淫自慰，亦将自己性器官照片发送给被害人，其行为构成猥亵儿童罪。公诉机关指控罪名成立。

2020年12月26日，《中华人民共和国刑法修正案（十一）》（以下简称“刑修（十一）”）自2021年3月1日起正式实施。刑修（十一）对刑法第二百三十七条第三款即猥亵儿童罪予以修改，法定最低刑由拘役改为有期徒刑，并增加五年以上有期徒刑的法定情形，意在严惩猥亵儿童犯罪。虽然本案不涉及刑法的溯及力问题，但引申来讲，根据从旧兼从轻原则，以2021年3月1日为分界线，之前尚未审结的猥亵儿童案件仍适用旧法，之后的则适用新法，这点仍需注意。

编写人：广西壮族自治区柳州市柳北区人民法院　梁千里

33

暧昧关系是否影响强制猥亵的认定

——杜某进强制猥亵案

【案件基本信息】

1. 裁判书字号

湖南省长沙市中级人民法院（2020）湘刑终534号刑事裁定书

2. 案由：强制猥亵罪

【基本案情】

杜某进系未婚中年男子，2019年5月左右入职某纺织品公司后，多次以“开玩笑”的方式调戏单位女门卫丁某某。2019年12月7日14时至16时许，被告人杜某进饮酒后来到公司传达室，先用言语调戏门卫女工丁某某，并试图搂抱、抚摸其身体，丁某某用手、扫帚表示拒绝其靠近，随后被告人杜某进将丁某某按在传达室躺椅上强行对其搂抱并将手伸入丁某某衣裤内摸其胸部、阴部，后因丁某某反抗咬其手臂、扇其耳光，被告人杜某进才停止。当日下午至傍晚，被告人杜某进又在公司厨房、前坪等地，趁丁某某不备偷摸其胸部。

【案件焦点】

被害人丁某某与被告人系暧昧关系，是否影响强制猥亵的认定。

【法院裁判要旨】

湖南省浏阳市人民法院经审理认为：被告人杜某进违背妇女意愿，强行猥亵他人，其行为已构成强制猥亵罪，公诉机关指控的罪名成立。关于辩护人提出被害人丁某某与被告人杜某进之间关系暧昧并未违背其意愿的辩护意见，法院认为，被告人杜某进作为成年男子应对女性保持基本尊重，被害人系外来务工中年妇女，虽未对被告人采取特别明显强硬的反抗态度，但面对醉酒的被告人并不能将被害人丁某某的忍让理解成自愿，且在案发过程中被害人多次将被告人杜某进推开并表示要其守规矩，拿扫帚向其示警，并在被告人杜某进对其猥亵过程中咬被告人杜某进手臂、扇其耳光，故对该辩护意见法院亦不予采纳。据此，依照《中华人民共和国刑法》第二百三十七条第一款之规定，判决如下：

被告人杜某进犯强制猥亵罪，判处有期徒刑七个月。

被告人杜某进不服一审判决上诉后，湖南省长沙市中级人民法院同意一审法院裁判意见，维持原判。

【法官后语】

本案中被告人杜某进及其辩护人认为其与被害人丁某某系同事关系，平时经常开玩笑，在打闹过程中偶尔也有过肢体接触，事发当日自己与丁某某的行为亦与平日类似，丁某某没有明显的反抗或拒绝行为，故不认为自己的行为构成犯罪。被害人系一位农村已婚女性，在与被告人相处过程中，存在互相撩拨或打闹的情况，但事发时，被告人饮酒后多次对被害人言语调戏，并对被害人上下其手时，被害人对其一直处于防御状态，并明确有口头警告，在此情况下被告人仍将被害人压倒摸其胸部、阴部，显然已超过普通的暧昧调戏行为，被害人咬被告人的手臂、扇其耳光等抗拒行为亦印证了其并非自愿的事实，故被告人杜某进强制猥亵丁某某的犯罪事实是成立的。

日常生活中，一般普通职场女性对于轻微的性骚扰或言语类侮辱行为，大多选择隐忍、回避、息事宁人，认为不去回应对方或者以后多加注意就可以了，但往往更多的强制猥亵、强奸犯罪都是在一步步忍让中，让对方误以为被害人是“半推半就”“自愿”的。男女之间的情感需要和相处模式在互相尊重、不违背社会道德和法律法规的前提下都无可厚非，但如果强求女性在男女关系中，明确要求对方行为、言语的尺度显然是不可能的。若男性在生活、工作中能尊重家庭、尊重女性，与异性同事、朋友保持一定的“距离”，即便存在误以为的“自愿”也不会有误以为的行动。

编写人：湖南省浏阳市人民法院　张静

34

利用强制猥亵形成的心理强制后“借款”不必然构成抢劫罪

——栾某豪强制猥亵案

【案件基本信息】

1. 裁判书字号

北京市第一中级人民法院（2020）京01刑终439号刑事裁定书

2. 案由：强制猥亵罪

【基本案情】

被告人栾某豪与被害人边某均系某合租房租户。2019年10月28日0时许，被告人栾某豪邀请被害人边某吃夜宵，后二人在栾某豪房间内吃外卖、聊天，同日凌晨2时许，被告人栾某豪在边某离开其房间准备休息时，尾随边某至边某的房间内强行对边某亲吻、搂抱，并以言语威胁强行要求边某为其口交。事后，栾某豪称其需还信用卡欠款，向被害人边某借款人民币5000元，约定于11月还款，被害人边某使用自己手机向栾某豪银行卡汇款人民币5000元。同日7时许，被害人边某到派出所报案称被告人栾某豪于当日对其进行强制猥亵。被告人栾某豪于同日10时许被民警抓获到案。5000元欠款已由被告人栾某豪的近亲属代为偿还。

【案件焦点】

栾某豪在对被害人边某实施强制猥亵行为后，利用对被害人形成的心理上的“强制”状态，后向被害人“借钱”的行为，是否构成抢劫罪。

【法院裁判要旨】

北京市石景山区人民法院经审理认为：被告人栾某豪为满足自己的性欲，以胁迫方法要求被害人为其口交，其行为已构成强制猥亵罪，依法应予惩处。公诉机关指控栾某豪犯强制猥亵罪的事实清楚，证据确实、充分，罪名成立；关于公诉机关对被告人犯抢劫罪的指控，因抢劫罪是侵犯人身权益和财产权益的严重犯罪，对抢劫罪非法占有目的和强制手段的认定必须足够审慎，公诉机关出示的现有证据指控栾某豪具有非法占有的抢劫故意证据不足，故对此项指控本院不予支持。被告人栾某豪及辩护人认为栾某豪借款人民币五千元的行为不构成抢劫罪的辩解、辩护意见，法院予以采纳；但关于被告人栾某豪不构成强制猥亵罪的辩解、辩护意见，经查，被害人陈述、被告人供述、证人证言、受案登记表等在案证据均能证明被告人与被害人在工作生活中并无交集，仅为合租室友关系，结合案发时间、空间、地点、二人的身高、体貌对比及被害人案发后第一时间报警等情节综合认定被告人的行为确已给被害人造成心理上的强制，被害人为被告人口交的行为违背了被害人的意愿，故对被告人、辩护人此项辩解、辩护意见法院不予采纳。综上，依照《中华人民共和国刑法》第二百三十七条第一款、第六十一条之规定，作出如下判决：

被告人栾某豪犯强制猥亵罪，判处有期徒刑三年。

北京市第一中级人民法院经审理认为：原审被告人栾某豪为满足自己的性欲，以胁迫方法强迫他人为自己口交，其行为已构成强制猥亵罪，依法应予惩处。原审人民法院根据栾某豪犯罪的事实、犯罪的性质、情节和对于社会的危害程度所作出的判决事实清楚，证据确实、充分，定罪及适用法律正确，量刑适当，审判程序合法，应予维持。北京市人民检察院第一分院撤回抗诉的申请符合法律规定，本院依法准许。裁定：

准许北京市人民检察院第一分院撤回抗诉。

【法官后语】

本案的分歧焦点在于，被告人栾某豪在对被害人边某实施强制猥亵行为后，利用对被害人形成的心理上的“强制”状态，向被害人边某“借钱”的行为，是否构成抢劫罪。

抢劫罪，是指以非法占有为目的，以暴力、胁迫或者其他方法，强取公私财物的行为。抢劫罪的构成要件应包括如下几种要素：首先，抢劫罪的手段行为是暴力、胁迫或者其他强制方法，暴力方法是指对被害人不法行使有形力，使其不能反抗的行为，如殴打、捆绑、伤害、禁闭等，抢劫罪中的暴力只能是最狭义的暴力。胁迫方法是指以恶害相通告，使被害人产生恐惧心理因而不敢反抗的行为，这种胁迫也应达到足以压制对方反抗的程度；其次，抢劫罪的目的行为是强取公私财物，即违反被害人的意志将财物转移给自己或者第三者占有，且行为人以暴力、胁迫等手段压制被害人的反抗，与夺取财产之间必须存在因果关系；最后，抢劫罪的责任要素除故意外，还要求具有非法占有目的。

本案中，被告人栾某豪在实施强制猥亵行为后向被害人借款，虽然其已经实施完毕的强制猥亵行为形成的对被害人强制状态一直延续，可能使被害人产生了恐惧心理，但是抢劫罪的构成要件中除手段行为外，还包含具有非法占有的目的。因此，被告人栾某豪是否具有非法占有的目的，是区分栾某豪能否构成抢劫罪的界限。

综合全案证据，对非法占有目的的认定可以从两个方面着手，一是被告人在实施行为过程中的表现；二是被告人实施行为后的态度。从被告人在实施行为过程中的表现来看，首先，被害人陈述、被告人供述均能证实被告人栾某豪在实施强制猥亵行为后，与被害人就借款一事进行过商议、沟通，被告人向被害人告知了借款目的和金额，并就转账方式、归还期限与被害人进行了沟通。被害人同意了被告人的借款金额，并提出通过手机银行转账的方式将钱汇入被告人账户，且认可被告人提出11月中下旬归还借款；其次，结合到案经过、受案登记表等证据能够证实，被害人报案理由是“有人想强奸我”，对被告人栾某豪后续行为的描述也是“借款”，说明被害人当时认可被告人的行为是“借款”行为，本案在立案时也仅以强制猥亵一罪立案。

从被告人实施行为后的态度来看，首先，被告人在借款后无逃跑行为，亦无搬家、更换租住地的意思表示，在被抓获后始终如实陈述借款的事实，无法认定被告人对于该笔借款有非法占有的目的；其次，被告人向被害人借款金额与其实际需要金额相当，被告人作为一名有劳动能力的成年人，日后能够通过劳动获得相应报酬，具备归还借款的能力，即使其短期内不具备偿还能力，该笔借款在其家庭能够偿还的范围之内，亦无法排除被告人日后会归还借款的可能性；最后，被告人栾某豪与被害人系合租室友关系，被害人知道被告人的基本身份信息，也留有转账记录等证据，即使被告人到期未按约定还款，仍可通过民事诉讼途径维护自身的合法权益。

故公诉机关虽指控被告人栾某豪构成抢劫罪，但其出示的现有证据对于证明栾某豪具有非法占有的主观故意未达到确实、充分的标准，无法排除栾某豪的行为确为借款的合理怀疑，故被告人栾某豪向被害人的借款行为不构成抢劫罪，亦不构成其他犯罪。

二审法院亦认为，原审人民法院根据被告人栾某豪犯罪的事实、犯罪的性质、情节和对于社会的危害程度所作出的判决事实清楚，证据确实、充分，定罪及适用法律正确，量刑适当，审判程序合法，应予维持，故依法准许北京市人民检察院第一分院撤回抗诉。

编写人：北京市石景山区人民法院　马云骢

35

公共场所当众猥亵的认定

——农某伟强制猥亵案

【案件基本信息】

1. 裁判书字号

广西壮族自治区柳州市中级人民法院（2019）桂02刑终167号刑事裁定书

2. 案由：强制猥亵罪

【基本案情】

2018年10月8日4时许，被告人农某伟路过某小区某汽修店门前，看见被害人吴某艳、韦某仪在路边聊天，便走到吴某艳、韦某仪身后用手摸吴某艳、韦某仪的臀部。韦某仪跑开呼救，吴某艳被农某伟拖拽后倒地。吴某艳倒地后，农某伟继续用手摸吴某艳的胸部、阴部，又在吴某艳反抗的过程中用手扇打其面部，后因远处的路人听见呼救声跑来阻止，农某伟逃离现场。

【案件焦点】

如何认定猥亵的案发地是“公共场所”。

【法院裁判要旨】

广西壮族自治区柳州市鱼峰区人民法院经审理认为：被告人农某伟以暴力方法强制猥亵妇女，根据《中华人民共和国刑法》第二百三十七条第一款的规定，其行为构成强制猥亵罪。公诉机关指控被告人农某伟犯强制猥亵罪成立。被告人农某伟归案后能如实供述自己的罪行，依法可以从轻处罚。

依照《中华人民共和国刑法》第二百三十七条第一款、第六十一条、第六十二条、第六十七条第三款之规定，作出如下判决：

被告人农某伟犯强制猥亵罪，判处有期徒刑二年。

公诉机关抗诉称：原判认定事实错误，适用法律错误。案发地系城市公共道路，不特定的人员可自由通行。案发现场有其他人在附近，听到呼救后跑过来，农某伟才逃离。农某伟在公共场所，采用暴力手段，当众猥亵两名女子，其中一名被害人系未成年人，原判对农某伟量刑畸轻，建议二审法院依法予以改判。

广西壮族自治区柳州市中级人民法院经审理认为：原审被告人农某伟以暴力方法强制猥亵妇女，其行为构成强制猥亵罪。原判认定事实清楚，证据确实、充分，定罪准确，量刑适当，法律适用正确，审判程序合法。关于抗诉机关提出农某伟属“在公共场所当众猥亵”，原判量刑畸轻的意见，经查，本案现场处于城市公共道路，案发时间在凌晨四时许，案发现场除农某伟和两名被害人外，没有其他人在场，该事实有被告人供述证明，亦与现场监控相印证。故原判未认定农某伟属“在公共场所当众猥亵妇女”正确，抗诉机关的抗诉意见与法律规定不符，不予采纳。

广西壮族自治区柳州市中级人民法院依照《中华人民共和国刑事诉讼法》第二百三十六条第一款第一项之规定，裁定：

驳回上诉，维持原判。

【法官后语】

本案处理重点主要在于案发现场是否是公共场所的认定。主要考虑以下几个方面：

1. 地点加重犯的概念

地点加重犯是指行为人在法律规定的特殊地点实施了基本罪的犯罪行为，具有较基本犯更为严重的危害性，刑法因此而规定了较基本罪更重的独立的法定刑的加重构成犯罪形态。

刑法关于地点加重犯的规定主要有4个法条6个罪名，其中就包括了第二百三十七条的强制猥亵、侮辱罪。刑法将“在公共场所当众”规定为猥亵犯罪的法定加重处罚情节，主要原因在于该行为对被害人性的自主权及羞耻心伤害更大，对社会良好风尚冒犯程度更大，行为人置在场他人于不顾，社会影响更恶劣，需要对此类猥亵犯罪配置与其严重性相适应的更重的法定刑。

2. 对于“公共场所”和“当众”的认定

“公共场所”是指公众可以去的地方或对公众开放的地方；“当众”是指当着数人的面。前者是一个具体的地点，后者是一种行为方式，两者既有区别又有联系，当众往往又是在公共场所进行。

3. 认定“公共场所当众”实施猥亵需考虑的因素

在实践中，猥亵行为样态各异，“公共场所当众”实施猥亵的认定，应综合考虑猥亵的手段、针对的身体部位、持续的时间长短、对被害人身心伤害的大小、对社会风尚的冒犯程度等因素，从而对加重处罚的必要性予以实质性的把握，因此，在适用相关法条审理案件时应秉持谦抑的原则。

4. 结合本案的分析

在本案中，公诉机关认为，案发地系城市公共道路，不特定的人员可自由通行，可以认定为公共场所，案发时有其他人在案发现场不远处，不远处的那些人随时可能发现、也可以发现被告人的犯罪行为，公诉机关因此认定被告人系“在公共场所当众猥亵妇女”。

从形式上，本案似乎也符合“公共场所当众”的规定，但单单形式审查不能全面、客观地反映犯罪的性质、程度，应结合实质审查综合评判，从而确保定性准确、量刑适当。

在本案中，案发现场虽是在公路边的人行道上，但本案发生在凌晨4时，当时在路上的人员相当少，在十多米远的小卖部门口有几个人在吵架，但这些人并未注意到被告人的犯罪行为，被告人先是从两名被害人的身后用手摸被害人的臀部，在一名被害人跑开后，被告人将另一名被害人拽倒在地后，隔着衣服对被害人的胸部、阴部摸弄了一分钟左右（有监控视频为证）。因此，被告人主观上虽有猥亵的目的，客观上在“公共场所当众”猥亵妇女，但是从被告人的主观恶性、猥亵行为的严重性、对被害人身心造成的伤害后果、对社会风尚的冒犯程度来看，均未超越基本犯的限度，不应当对其加重处罚，从而确保本案的罪刑相适应。

从强奸罪与猥亵犯罪的严重性程度来看，通常情况下，强奸重于猥亵，故刑法为强奸罪设置的最低法定刑为有期徒刑三年，而普通情节的猥亵犯罪是五年以下有期徒刑或拘役，如果将那些相对轻微的在公共场所当众猥亵行为作为加重情节对被告人判处五年以上有期徒刑，明显重于普通情节强奸既遂的最低法定刑，会罪刑失衡。

编写人：广西壮族自治区柳州市鱼峰区人民法院　尹嘉嘉

36

关于疑罪从无的认定问题

——陈某生强制猥亵案

【案件基本信息】

1. 裁判书字号

湖北省武汉市中级人民法院（2020）鄂01刑终130号刑事裁定书

2. 案由：强制猥亵罪

【基本案情】

2019年3月20日20时许，被告人陈某生与被害人魏某慧等人在某烤肉店喝酒招待客户，席间被害人因饮酒后情绪激动，后陈某生将被害人以搂抱的方式一路搀扶至饭店大门口（同事余某丰、李某飞跟随），此时被害人情绪激动且站立不稳，呈现饮酒过多状态。在行至饭店大门口处的长椅时，陈某生双手从被害人身后环抱且随即将被害人放于其腿上并坐下。在被害人坐在陈某生腿上期间，陈某生存在用手抚摸被害人的大腿、胸部等行为，被害人明显情绪激动，肢体动作较大，并多次将陈某生的手推开。随后，陈某生与同事余某丰将被害人扶上公司的商务车，陈某生与被害人同坐后排。当晚21时19分许，司机孙某君将车辆行驶至某小区内。同事余某丰、司机孙某君下车后，陈某生与被害人二人均留在车内后排，后被害人从车内打开车门下车，坐在某小区内停车场旁边的路边醒酒，被告人陈某生亦在其身旁陪同。当日22时许，二名同事将其送至单元楼电梯口，被害人自行坐电梯回家。案发后，被告人陈某生自行归案接受调查。

【案件焦点】

陈某生犯强制猥亵罪的事实是否清楚，现有证据是否能充分认定被告人对被害人所实施的行为是猥亵行为。

【法院裁判要旨】

湖北省武汉市洪山区人民法院经审理认为：现有证据不能充分证明被告人对被害人实施了猥亵行为，亦不能充分证明被告人对被害人实施了强制行为或利用被害人醉酒状态，导致被害人不能反抗、不敢反抗、不知反抗。

公诉机关指控被告人陈某生犯强制猥亵罪的事实不清，指控证据不足且不能排除合理怀疑，公诉机关指控的犯罪不能成立。被告人陈某生及其辩护人提出的陈某生不构成强制猥亵罪的辩解、辩护意见，法院予以采纳。依照《中华人民共和国刑事诉讼法》第二百条第三项之规定，判决如下：

被告人陈某生无罪。

湖北省武汉市洪山人民检察院不服，提出抗诉。湖北省武汉市中级人民法院经审理认为：认定案件的事实，必须以证据为依据，认定被告人有罪，应当适用证据确实、充分的证明标准，定罪证据不足的案件，应当坚持疑罪从无的原则。从本案现在的证据看，原公诉机关指控原审被告人陈某生实施强制猥亵罪的证据未形成完整的、相互印证的证据链条，原审法院依据疑罪从无的原则宣告原审被告人陈某生无罪并无不当。原审判决认定事实清楚，适用法律准确，审判程序合法。湖北省武汉市洪山区人民检察院提出的抗诉意见以及湖北省武汉市人民检察院在二审中提出的意见，本院均不予采纳。原审被告人陈某生及其辩护人的意见，法院予以采纳。依照《中华人民共和国刑事诉讼法》第二百三十六条第一款第一项的规定，裁定：

驳回抗诉，维持原判。

【法官后语】

1. 强制猥亵罪是指以暴力、胁迫或者其他方法强制猥亵他人的行为。构成强制猥亵罪的客体是他人的性自由权，在客观方面表现为行为人以暴力、胁迫或者其他方面强制侮辱、猥亵他人的行为。强制猥亵罪的犯罪主体为一般主体，凡达到且具备的自然人均能构成本罪。在主观方面表现为故意，即行为人明知自己侮辱、猥亵的行为会产生伤害他人性感情的结果和危害他人性自由的结果，而希望或者放任这种结果发生。

本案中，被告人在客观上对被害人所实施的搂抱行为并不是刑法中所规定的“采取暴力、胁迫等手段”，其搂抱行为也并未达到致使被害人不知反抗、不能反抗的程度。

2. 根据《中华人民共和国刑事诉讼法》第二百条第三款的规定，证据不足，不能认定被告人有罪的，应当做出证据不足、指控的犯罪不能成立的无罪判决。这是疑罪从无原则的典型概括，也被称为“有利被告原则”。

首先，刑法相较于其他部门法而言，具有严苛性，因而在适用时需审慎。只有在案件事实清楚、证据确实充分，且各证据之间相互印证，形成完整的证据链时，才可对被告人进行定罪量刑。

其次，本案中的证据之间，并未相互印证、形成完整的证据链条，不满足证据确实、充分的要件，基于有利于被告的原则，宣告被告人无罪有教育和警示意义。

对定罪证据不足的案件，坚持疑罪从无的原则，依法宣告被告人无罪。该做法为防止冤假错案，提高司法公信力和社会公平正义提供了有力举措。

近年来，全国各地的司法机关本着“疑罪从无”的理念，纠正重大错案几十起。司法审判并非儿戏，从“疑罪从有”到“疑罪从无”观念的转变，背后不仅能从司法实务上体现出法治的进步，更能从司法的自我否定、强化内省中体现出法治精神的担当和勇气。

改革，往往开始于观念的转变。正义的司法制度需要更多先进的司法理念来架构。这是一段漫长的工程，但随着“疑罪从无”理念在实务中的落实，我们对于司法公正将更具信心，公平正义也更值得期待。

编写人：湖北省武汉市洪山区人民法院　张雅文

（六）非法拘禁罪

37

非法拘禁罪中被害人过错对量刑的影响

——李某菲、李某民非法拘禁案

【案件基本信息】

1. 裁判书字号

河南省平顶山市郏县人民法院（2020）豫0425刑初62号刑事判决书

2. 案由：非法拘禁罪

【基本案情】

2019年5月21日下午，被告人李某菲怀疑妻子王某折与他人有暧昧关系，通过手机定位发现妻子在某学校附近，便乘邻居张某专的车辆去寻找王某折。在某路，李某菲发现妻子在被害人李某宇车上，便让张某专的车停放在李某宇驾驶车辆的前面，李某菲下车与王某折发生争执。后李某菲便与其父亲即被告人李某民等联系，李某民接到电话后，便乘坐邻居陈某来的车辆到达现场，并将车辆停放在李某宇驾驶车辆的后面，与随后接到电话赶到现场的李某杰、郝某军、王某霞等人商议如何处理王某折、李某菲的婚姻问题，王某折提议去某洗浴中心。

在洗浴中心二楼一房间内，李某菲让李某宇跟父母联系，李某宇不想与父母联系，在李某菲的一再要求下，李某宇跟其伯父程某军电话联系。李某菲发现李某宇不是跟其父母联系，便将李某宇的手机夺了过去，在翻看李某宇的手机时，发现手机上有李某宇与王某折的性爱视频和照片，并传给现场人员看。李某菲的母亲程某梅也来到该房间，看到视频和照片后，便脱下鞋，用鞋子打李某宇的头部，李某民拿水壶砸李某宇，李小菲用脚踩李某宇，致使李某宇受伤。李某民发现李某宇受伤后报警。经某物证鉴定室鉴定，李某宇的损伤程度，属轻微伤。

【案件焦点】

非法拘禁罪中，被害人存在明显过错，对犯罪的引起有举足轻重的作用，被害人应当承担过错责任，被告人可以从轻处罚。

【法院裁判要旨】

河南省平顶山市郏县人民法院经审理认为：被告人李某菲、李某民非法限制他人人身自由并对被害人实施殴打，侵犯了公民的人身自由权利，其行为均已构成非法拘禁罪。公诉机关关于应以非法拘禁罪追究被告人李某菲、李某民刑事责任的同时认为，被告人李某菲、李某民在共同犯罪中均起主要作用，均系主犯，且均构成自首的意见正确，法院予以支持。李某菲刑罚执行完毕后，在五年内又犯应当判处有期徒刑以上刑罚之罪，属累犯，应当从重处罚；二被告人具有殴打被害人情节，从重处罚；李某菲主动到公安机关投案，庭审中如实供述了自己的罪行，李某民经公安机关电话传唤到案，并如实供述了自己的罪行，均系自首，均可以对李某菲、李某民从轻处罚；本案中，被害人存在过错，在对李某菲、李某民量刑时应予以考虑。故对辩护人提出李某菲、李某民系自首及建议对李某菲、李某民从轻处罚的意见，法院予以采纳。根据二被告人的犯罪事实、性质、情节和对社会的危害程度以及其前科情况、归案后的表现，对李某民宣告缓刑，对其所在社区没有重大不良影响。依照《中华人民共和国刑法》第二百三十八条第一款、第二十五条第一款、第二十六条第一款、第六十七条第一款、第六十五条第一款、第七十二条第一款、第七十三条第一款、第三款之规定，判决如下：

一、被告人李某菲犯非法拘禁罪，判处有期徒刑八个月；

二、被告人李某民犯非法拘禁罪，判处拘役四个月，缓刑六个月。

一审宣判后，被告人李某菲、李某民未上诉，检察机关未抗诉，判决已发生法律效力。

【法官后语】

一般刑事案件中，从化解社会矛盾角度处出发，对于被害人谅解，同时符合《中华人民共和国刑法》第七十二条第一款的规定，法院在量刑的时候才会考虑是否适用缓刑。本案中，被告人李某菲、李某民在被害人李某宇手机中发现李某宇与被告人李某菲妻子王某折的性爱视频及照片，虽然通奸在法律意义上并不能被认为是违法犯罪行为，但根据我国传统的民俗理念，此种行为是严重违背社会道德的，二被告人是在看见视频及照片后才对被害人实施殴打及拘禁行为，这是二被告人产生犯罪的唯一原因，而且被害人的这种过错行为严重违背社会道德，不能被社会大众所接受。

刑法作为一种行为规定，具有指引、预测和教育的作用。把被害人过错加以强调也可以达到一种警示和告诫的效果，被害人的行为不一定完全都是正当的，如果被害人存在重大错误，也应受到谴责，不能单纯依据被害人的意志决定被告人是否适用缓刑。本案中，将被害人过错作为法定的量刑情节，有利于告诫被害人，使其能够反省自己不当的言行举止和生活方式，以防此类事件的再次发生，同时，也能警示一般的社会大众，遇见类似情况不能冲动犯罪。

编写人：河南省平顶山市郏县人民法院　宋景婵　宋小娇　张冰清

38

非法拘禁致人死亡的认定

——杨某朋非法拘禁案

【案件基本信息】

1. 裁判书字号

山东省聊城市中级人民法院（2020）鲁15刑终153号刑事附带民事判决书

2. 案由：非法拘禁罪

【基本案情】

杨某朋经营某馅饼店。陈某某系被告人杨某朋的员工，其与被害人王某某存在不正当男女关系。2019年2月20日18时许，被告人杨某朋在员工宿舍发现陈某某与王某某在宿舍内偷情，因其对原先陈某某说辞职比较生气，也想让其妻子来看看是因为陈某某偷情才没法让她干了，即采取暴力殴打的手段强行阻止王某某离开该宿舍。后王某某为摆脱、逃离被告人杨某朋的控制，从宿舍卧室窗户跳出后摔伤，经抢救无效于2019年2月23日凌晨死亡。案发后，经法医鉴定，王某某死于重度颅脑损伤；其重度颅脑损伤等损伤系高坠摔跌所致，其面部、下唇之损伤系徒手伤。

【案件焦点】

杨某朋的行为是否构成非法拘禁致人死亡的结果加重犯。

【法院裁判要旨】

山东省聊城市高唐县人民法院经审理认为：被告人杨某朋非法限制他人人身自由，并实施殴打行为，致人死亡，其行为已构成非法拘禁罪。公诉机关指控的事实和罪名成立。

法律规定的非法拘禁致人死亡，是指非法拘禁行为过失造成了被害人的死亡。本案中，被告人杨某朋在实施非法拘禁行为时，对被害人可能跳楼逃跑并由此发生坠楼死亡的结果，具有应当预见和防范的义务，却因疏忽大意而没有预见，在主观上存在疏忽大意的过失；被害人跳楼逃跑并非出于内心的自愿，其为逃离、摆脱被告人杨某朋的控制而选择跳楼具有一定的必然性，由此造成的死亡结果与被告人杨某朋的非法拘禁行为在客观上具有刑法上的因果关系。因此，被告人杨某朋构成非法拘禁致人死亡的结果加重犯，应承担相应的刑事责任。被告人杨某朋及其辩护人所提其无罪的辩解及辩护意见本院不予采纳。

被害人的死亡结果并非被告人杨某朋的殴打行为直接导致，被告人杨某朋不构成故意伤害罪，辩护人的相应辩护意见予以采纳，诉讼代理人的相应代理意见不予采纳。

被害人与陈某某存在不正当男女关系仅属道德领域的问题，不具有刑法意义上的过错，客观上被害人也未采取任何违法行为，被告人杨某朋缺乏正当防卫的前提条件，不构成正当防卫，辩护人的相应辩护意见不予采纳，诉讼代理人的相应代理意见予以采纳。

时间条件仅是非法拘禁罪成立的一个方面，但并不是必要条件，非法限制他人人身自由并实施殴打行为的仍然可以成立非法拘禁罪，因此辩护人所提“本案未满足非法拘禁罪的时间要件”的辩护意见不予采纳，诉讼代理人所提“被告人杨某朋的行为已达立案标准，应追究刑事责任”的代理意见予以采纳。

被告人杨某朋当庭翻供，不成立坦白，公诉机关关于其系坦白的认定不能成立，诉讼代理人的相关代理意见本院予以采纳。

在案证据证实，被告人杨某朋未实施陪同被害人就诊、支付医疗费等行为，不具有积极救助被害人的情节，诉讼代理人的相应代理意见本院予以采纳。

被告人杨某朋的犯罪行为给附带民事诉讼原告人造成的经济损失应予赔偿，具体包括医疗费 12080.62 元、丧葬费 34652.5 元（按附带民事诉讼原告人请求的数额），合计 46733.12 元。附带民事诉讼原告人请求的死亡赔偿金、被扶养人生活费、精神抚慰金不属刑事附带民事诉讼的赔偿范围；请求的医疗费过高的部分证据不足；请求的交通费无证据证实，法院均不予支持。诉讼代理人所提“附带民事原告人对死亡赔偿金、被扶养人生活费、精神抚慰金的请求于法有据，应予支持”的代理意见，法院不予采纳。

山东省聊城市高唐县人民法院根据《中华人民共和国刑法》第二百三十八条第一款和第二款、第四十五条、第四十七条、第三十六条第一款，《中华人民共和国刑事诉讼法》第一百零三条之规定，作出如下判决：

一、被告人杨某朋犯非法拘禁罪，判处有期徒刑十年六个月；

二、被告人杨某朋赔偿附带民事诉讼原告人46733.12元，限判决生效后十日内过付；

三、驳回附带民事诉讼原告人王某芝、王某芳、王某的其他诉讼请求。

被告人杨某朋以原审判决认定事实部分不清或遗漏、证据认定不确实不充分，适用法律严重错误为由提起上诉。山东省聊城市中级人民法院经审理认为：被告人非法限制被害人王某某人身自由，并实施殴打行为，构成非法拘禁罪，被害人王某某的逃离行为是为了摆脱杨某朋非法限制其人身自由的自救行为，其翻窗逃走时发生的死亡后果与杨某朋的非法拘禁行为具有关联性，属于非法拘禁导致被害人死亡。案发后，上诉人杨某朋委托王某健拨打120急救电话，积极抢救被害人，明知公安机关要求王某健到某小区配合调查而与王某健一起到达民警指定地点，到案后如实供述了主要犯罪事实，系自首，原审判决未认定上诉人杨某朋具有自首情节不当，依法应予改判。综上，原审判决认定上诉人杨某朋犯非法拘禁罪的事实清楚，定罪准确，但未认定杨某朋具有自首情节不当，依法应予改判。鉴于杨某朋具有自首情节，对其予以减轻处罚。

山东省聊城市中级人民法院依照《中华人民共和国刑法》第二百三十八条第一款、第二款、第六十七条第一款、第四十五条、第四十七条，《中华人民共和国刑事诉讼法》第二百三十六条第一款第二项之规定，作出如下判决：

一、维持山东省高唐县人民法院（2019）鲁1526刑初221号刑事附带民事判决第一项中对被告人杨某朋的定罪部分及第二项、第三项附带民事部分；

二、撤销山东省高唐县人民法院（2019）鲁1526刑初221号刑事附带判决第一项中对被告人杨某朋的量刑部分；

三、上诉人（原审被告人）杨某朋犯非法拘禁罪，判处有期徒刑六年。

【法官后语】

本案处理的重点在于被告人的行为是否构成非法拘禁致人死亡的结果加重犯。刑法第二百三十八条第二款规定的非法拘禁致人死亡，是指在非法拘禁过程中，由于捆绑过紧、用东西堵住嘴导致窒息等，致使被害人死亡的，以及被害人在被非法拘禁期间不堪忍受而自杀身亡的，即非法拘禁过程中“拘禁行为本身”过失致人死亡，仅定非法拘禁罪一罪，作为该罪的结果加重犯，只要是拘禁行为本身的正常因果流程发展所导致的死亡，均认定为非法拘禁罪的结果加重犯。

本案中，被告人杨某朋的行为是过失还是意外事件，疏忽大意的过失是应当预见自己的行为会发生危害社会的结果，而没有预见。而如何认定行为人是否应当预见？标准就是行为人是否违反了基本的生活规则、业务规则、行业规则等，只要行为人违反了规则，说明其有可能预见自己的行为会因为违反规则而发生危害结果。而在意外事件中，行为人已经遵守了特定的准则，尽了必要的注意义务。本案中杨某朋对被害人实施了非法拘禁行为，并对其进行殴打，应认为其违反了生活准则。其对被害人可能跳楼逃跑并由此发生坠楼死亡的结果，具有应当预见和防范的义务，却因疏忽大意而没有预见，在主观上存在疏忽大意的过失。

被害人的死亡结果，与被告人的非法拘禁行为是否具有因果关系。被害人在被告人的非法控制之下，为逃离、摆脱被告人杨某朋的非法拘禁行为而选择跳楼具有一定的必然性，其翻窗逃走时发生的死亡结果与被告人杨某朋的非法拘禁行为具有关联性，在客观上具有刑法上的因果关系。因此，被告人杨某朋的行为构成非法拘禁罪的结果加重犯。

关于本案中被告人的行为是否构成自首的问题，经二审审理查明，本案案发后，王某健受被告人杨某朋委托拨打了120急救电话，当晚公安机关通知王某健到某小区接受调查，王某健告知杨某朋后，杨某朋与王某健等人一起到达警察的指定地点，杨某朋到案后如实交代了自己的主要犯罪事实。杨某朋主动将自己置于司法机关的合法控制之下，属于自动投案，且到案后如实供述自己的罪行，系自首，可以从轻或减轻处罚。二审因为自首情节调整量刑，符合宽严相济的刑事司法理念，也达到了法律效果与社会效果的有机统一。

编写人：山东省聊城高唐县人民法院 韩亚鲁

（七）侵犯公民个人信息罪

39

非法买卖QQ号、微信号侵犯公民个人信息

——林某强等侵犯公民个人信息案

【案件基本信息】

1. 裁判书字号

江西省吉安市中级人民法院（2021）赣刑终2号刑事裁定书

2. 案由：侵犯公民个人信息罪

【基本案情】

2019年3月，被告人林某强告知被告人林某萍、林某斌从事贩卖微信号可以赚钱且工作轻松自由，林某萍、林某斌二人遂购买电脑等设备，并租住某村厝里××号的房屋从事收购倒卖微信号。之后，林某萍、林某斌在林某强处购买了QQ号，再在QQ群里发布“租微信号3天，150元”的广告。林某萍、林某斌将收到的微信号进行“养号”（即删除好友、解绑银行卡、钱包内零钱清

空，之后使用电子设备登录该微信号，过了48小时之后对该微信号的登录密码进行修改）后根据微信号注册年限及活跃程度以每个70元至205元不等的价格转卖给林某强。林某强再把收购过来的微信号以每个110元至280元不等的价格转卖给被告人董某玲。董某玲把收购过来的微信号以每个150元至310元不等的价格转卖给微信号1和微信号2。在倒卖微信过程中，林某强非法获利989912元，董某玲非法获利290609元，林某萍非法获利46000元，林某斌非法获利33000元。

【案件焦点】

1. 买卖未实名注册以及注销了的实名认证的微信号是否构成侵犯公民个人信息罪，是否应该核减犯罪数额，核减多少；2. 买卖微信用户自愿出租、出售的微信号是否构成侵犯个人信息罪，是否应该核减犯罪数额，核减多少；3. 经过“养号”处理的微信号能否识别特定的自然人，是否构成侵犯公民个人信息罪。

【法院裁判要旨】

江西省井冈山市人民法院经审理认为，被告人买卖经过“养号”的微信号，但实际上与微信号原持有者相关的包括姓名、身份号码、联系方式、住址、账号密码、财产状况、行踪轨迹等公民信息并未从根本上予以注销，仍存在被侵犯的风险，且作为联系方式的微信号本身亦属公民信息；公民虽自愿出售微信号，但被告人违反国家有关规定，掩饰购买微信号的非法目的，通过购买、收受、交换等方式获取公民个人信息的，属于“以其他方法非法获取公民个人信息”范畴，对买卖的已注销实名制的微信号部分获利款项、对微信号所有人自愿出售的微信号获利的金额不予核减。江西省井冈山市人民法院一审以侵犯公民个人信息罪判处林某强有期徒刑五年，并处罚金人民币100万元；判处被告人董某玲有期徒刑三年，并处罚金人民币30万元；判处被告人林某萍有期徒刑二年六个月，并处罚金人民币10万元；判处被告人林某斌犯有期徒刑二年，并处罚金人民币10万元。

江西省吉安市中级人民法院二审裁定：

驳回上诉，维持原判。

【法官后语】

确认犯罪所得，对被告人予以相对应的刑罚，不仅是惩罚犯罪，也是在保障权利，保障公正司法。本案中，对犯罪数额的准确把控，是确保罪刑相适应的基本要求，维护公平正义的基本体现。关于本案的裁判要点主要有以下两点：(1）部分微信号经过处理注销了实名制，买卖没有实名注册和注销了实名制的微信号是否属于侵犯公民个人信息。微信号实名认证就是用户将微信号与自己的姓名、证件号绑定在一起，证件号一般即为身份证号码。因此，微信号是否实名只是涉及该微信号是否有该用户的姓名、身份证号码。根据《最高人民法院、最高人民检察院关于办理侵犯公民个人信息刑事案件适用法律若干问题的解释》第一条的规定，刑法第二百五十三条之一规定的“公民个人信息”，是指以电子或者其他方式记录的能够单独或者与其他信息结合识别特定自然人身份或者反映特定自然人活动情况的各种信息，包括姓名、身份证件号码、通信通讯联系方式、住址、账号密码、财产状况、行踪轨迹等。姓名、身份证号码只是公民个人信息的一种，微信号作为现下普遍的通讯方式，用户使用微信号进行聊天、交友、工作、发朋友圈、支付等过程中都会留下用户的个人信息。且根据被告人的供述，其收购和出售的微信号都是注册时间超过3个月的，用户在该期间使用都会或多或少留下自己的个人信息。因此，被告人出售未实名及注销了实名的微信号也侵犯了公民的个人信息。(2）部分微信号系所有人自愿出租出售的账号是否属于侵犯公民个人信息。根据《某软件许可及服务协议》规定，不得赠予、借用、租用、转让或者售卖账号。用户在注册账号时也同意了该服务协议，而出租、转让微信号的行为本身违反了服务协议的约定。即使用户为了获取报酬将自己的微信号出租或者转让给其他人也不能表明用户主动放弃了对自己个人信息的保护。同时根据被告人的供述，被害人将微信号出租给被告人时，被告人当场支付一部分定金后，被告人经过3天“养号”修改了微信登录密码，使得被害人不能登录。这实际上是被告人打着租用微信号的幌子，骗取了被害人的微信号。另外，根据《最高人民法院、最高人民检察院关于办理侵犯公民个人信息刑事案件适用法律若干问题的解释》第三条第二款的规定，未经被收集者同意，将合法收集的公民个人信息向他人提供的，属于刑法第二百五十三条之一规定的“提供公民个人信息”，但是经过处理无法识别特定个人且不能复原的除外。因此，被告人经过了被害人的同意获得的微信号，但在未经过被害人同意的情况下，转让出售给另外的人，也属于侵犯公民个人信息。(3) 被告人出售的微信号都进行了“养号”，对经过“养号”的微信号的售卖是否属于侵犯公民个人信息的问题。经查，根据被告人的供述，其“养号”的方式是“将收到的微信号的好友删除、解绑银行卡、钱包内零钱清空，之后使用电子设备登录该微信，过了48小时之后对该微信号的登录密码进行修改”，而这种方式并不能解除微信的实名认证。同时微信号中的公民个人信息不止上述信息，微信上还有朋友圈、支付记录、注册地址等公民的个人信息。

编写人：江西省井冈山市人民法院　杨程捷　廖凌宇

40

侵犯公民个人信息罪的入罪要素

——向某侵犯公民个人信息案

【案件基本信息】

1. 裁判书字号

湖南省保靖县人民法院（2020）湘3125刑初117号刑事判决书

2. 案由：侵犯公民个人信息罪

【基本案情】

2020年5月21日至2020年7月9日，被告人向某通过QQ软件在网上花费3060元收购求职者个人信息1626条，通过使用固定电话的话术模板打电话筛选可以联系的求职者，后将联系的求职者信息介绍虚拟的工作招聘网络客服，通过计数器记录成功介绍的求职者人数，以每人25元的介绍费出售给他人，共获利19833元钱。

案发后，向某表示认罪认罚，并于2020年10月15日签订了《认罪认罚具结书》。

【案件焦点】

刑法保护的公民个人信息的范畴，购买、受赠等中性行为能否评价为非法获取，以及情节严重的判断标准。

【法院裁判要旨】

湖南省保靖县人民法院经审理认为：被告人向某违反国家有关规定，向他人出售公民个人信息，情节严重，根据《中华人民共和国刑法》第二百五十三条之一之规定，其行为构成侵犯公民个人信息罪。公诉机关指控的罪名成立。被告人向某到案后如实供述犯罪事实，系坦白，依法可以从轻处罚；自愿认罪认罚且签署认罪认罚具结书，可以依法从宽处理。法院作出刑事判决：

被告人向某犯侵犯公民个人信息罪，判处拘役五个月，并处罚金人民币一万元。违法所得19833元，予以追缴，上缴国库。

宣判后，被告人向某服判。

【法官后语】

鉴于侵犯公民个人信息的违法犯罪数量剧增，刑法增设了侵犯公民个人信息罪，从刑法范畴内确立了对公民个人信息给予保护的立法精神。本案因适用了简易程序，裁判文书上对本案进行了简化，加之法条对该罪状表述简略、模糊，本案审理过程所遇的困惑并未显示。主要涉及刑法保护的公民个人信息的范畴，购买、受赠等中性行为能否评价为非法获取，以及情节严重的判断标准三个方面的问题。

1. 刑法所保护的公民个人信息应当具有私人专属性和价值重要性两个方面特性。关于公民个人信息的范围，理论和实务界争论较大，基本可归纳为两个基本特征：一是私人专属性，即其与公民个人的身份紧密相关，既可以是反映其生理特征的信息，也可以是反映其社会特征的信息；二是价值重要性，即公民的诸多个人信息关乎公民的人格、尊严，甚至影响其财产权利、人身安全。但公民个人信息不能等同于公民个人的隐私，即便个人信息已经通过网络或者其他方式予以公开，仍有可能成为刑法第二百五十三条所规定之犯罪侵犯的对象。就本案而言，被告人收购求职者个人信息与公民个人存在紧密关联性并可以识别为专属于特定个人的信息，其关乎个人人身、财产安全，应当属于公民个人信息。

2. 购买、获赠或收受的行为能够被评价为非法获取。刑法第二百五十三条之一第二款将非法获取公民个人信息罪的实行行为规定为“窃取或者以其他方法非法获取上述信息”。对此，有观点认为，窃取即秘密取走，其本身就是一种非法手段，故其他方法应当与窃取具有同质性，也必须是非法的，如诈骗。相反，对那些自身不具非法性或比较中性的方法，由于其与窃取不具有同质性，就不应当认为是非法获取，如本案被告人的购买行为。我国没有出台专门的个人信息保护法，没有明确将公民个人信息规定为禁止买卖和互易的商品，也不能认定该买卖或互易的手段本身就具有违法性，但如此一来，就可能无法给予刑法上的评价，这样处理显然不符合刑法全面保护公民个人信息的立法目的。从实践来看，倒卖公民个人信息违法呈常态，已经初步形成了犯罪产业链，并成为诈骗、敲诈勒索甚至绑架等诸多下游犯罪的诱因和源头。如果对这类行为不予刑法规制，显然让人无法接受。因此，本罪的非法并非就获取手段或方法行为的性质而言，而是指行为人的获取行为无正当化事由，在本质上是非法的，亦即行为人没有获取他人信息的法律、法规依据或资格而获取相关个人信息的，就可能构成犯罪。事实上，即便从立法经验来看，现有刑法体系内，“窃取”也多与“收买”相提并论。例如，根据刑法第一百一十条的规定，为境外的机构、组织、人员窃取、刺探、收买、非法提供国家机密或者情报的。刑法第一百七十七条之一第二款规定，窃取、收买或者非法提供他人信用卡信息资料的，故将“购买”“收受”等中性行为解释为“非法获取”亦有刑法体系上的支持。就本案而言，被告人购买公民个人信息，其取得显然不具法律上的授权，违背了公民的意愿，应当认定属于以其他方法非法获取的范畴。

3. 情节严重应结合行为人的主观恶性和法益的受侵害程度综合判断。情节严重是侵犯公民个人信息犯罪的客观构成要件，也是区分罪与非罪的重要标准之一。目前就该问题尚无立法或司法上的解释，从学理解释的角度来看，目前基本达成的共识是：情节严重一般包括出售、非法获取、提供公民个人信息数量较多、获利数额较大以及公民个人信息被非法提供、出售给他人后，给公民造成了经济上的损失，或者严重影响到公民个人正常生活，或者被用于进行违法犯罪活动等情形。在笔者看来，判断情节严重，应结合行为人的主观恶性和对法益的侵害程度予以综合把握。就本案而言，可做如下具体分析：

（1）在犯罪动机上，被告人的犯罪动机主要是为了牟利。笔者认为，出于牟利目的而非法获取信息的行为与因日常生活和工作需要而非法获取信息的行为相比，前者主观恶性明显要大，且信息的传播范围要更广，故情节更为严重。

（2）在信息类型上，本案所涉公民个人信息是与公民个人密切相关的、其不愿该信息被特定人群以外的其他人群所知悉的信息，即属于公民的隐私信息。该类信息如果泄露，较之一般信息，后果更为恶劣，故情节亦更为严重。

（3）在犯罪后果上，被告人将信息转卖他人，既扩大了信息的传播，亦放任了他人对该信息所有者可能造成的危害，如被用于下游违法犯罪活动，将更加严重侵害信息所有人的人身、财产安全，行为危害性较大。故综合考虑各被告人的犯罪动机、信息的类型以及犯罪的危害后果，符合刑法犯罪构成要件，应当承担刑事责任。

编写人：湖南省保靖县人民法院　龙诗

二、侵犯财产罪

（一）抢劫罪

41

转化型抢劫如何认定

——梁某忠抢劫案

【案件基本信息】

1. 裁判书字号

广西壮族自治区柳州市鱼峰区人民法院（2020）桂0203刑初432号刑事判决书

2. 案由：抢劫罪

【基本案情】

2020年5月4日0时许，被告人梁某忠与陈某元（另案处理）经预谋后，来到某工地内盗窃管扣。二人装好九袋塑料袋的管扣放在工地防护板洞口旁边时，被工地内的保安人员发现。梁某忠、陈某元从工地防护板洞口处爬出逃跑，被守候在洞外的被害人季某平等人拦住。为了逃脱，梁某忠掏出随身携带的一把卡尺刀将季某平腹部、胸部捅伤，致季某平左手上臂割裂伤，胸部刺伤。梁某忠趁机逃脱并将卡尺刀丢弃。

【案件焦点】

1. 梁某忠的行为是否构成转化型抢劫；2. 梁某忠是否构成坦白。

【法院裁判要旨】

广西壮族自治区柳州市鱼峰区人民法院经审理认为：梁某忠在实施盗窃过程中被发现后，为抗拒抓捕当场使用凶器致使被害人受伤，根据《中华人民共和国刑法》第二百六十三条之规定，其行为构成抢劫罪。公诉机关指控梁某忠犯抢劫罪罪名成立。梁某忠归案后能够如实供述自己的罪行，依法可以从轻处罚。梁某忠年满十八周岁以后，曾因故意犯罪被判处有期徒刑，刑罚执行完毕以后，五年以内再犯应当判处有期徒刑以上刑罚之罪的，是累犯，依法应当从重处罚。关于梁某忠辩解称其只捅了一刀，其配合公安抓捕，没有暴力抗拒抓捕，其行为不构成抢劫罪的意见，法院认为，无论梁某忠捅了几刀，其用刀捅伤被害人季某平的事实客观存在，同时根据刑法第二百六十九条的规定，抗拒抓捕包括公安人员以及群众的抓捕扭送。本案中，梁某忠在盗窃过程中被发现后，为了抗拒抓捕当场使用随身携带的卡尺刀将被害人季某平捅伤，其行为符合转化型抢劫的构成要件，构成抢劫罪，故对此辩解意见不予采纳。对辩护人提出梁某忠具有如实供述、坦白的情节，法院予以认可。综上所述，决定对梁某忠从重处罚。依照《中华人民共和国刑法》第二百六十九条、第二百六十三条、第六十五条第一款、第六十七条第三款、第五十二条、第五十三条、第六十一条之规定，判决如下：

被告人梁某忠犯抢劫罪，判处有期徒刑三年六个月，并处罚金人民币三千元。

宣判后，梁某忠服判息诉。

【法官后语】

一、梁某忠的行为是否构成转化型抢劫

根据《中华人民共和国刑法》第二百六十九条的规定，犯盗窃、诈骗、抢夺罪，为窝藏赃物、抗拒抓捕或者毁灭罪证而当场使用暴力或者以暴力相威胁的，依照本法第二百六十三条的规定定罪处罚，即以抢劫罪定罪处罚。

盗窃在特定条件下转化为抢劫罪须符合三个条件：

首先，必须有盗窃的行为。本案中，梁某忠与他人预谋后，于凌晨到被害单位所在工地内盗窃管扣，将管扣装好后放在工地防护板洞口旁边，梁某忠实施了盗窃的行为。

其次，必须是在实施盗窃过程中，当场使用暴力或以暴力相威胁。本案中，梁某忠与他人在将管扣放在洞口旁边时便被工地保安人员发现，被盗物品还未完全脱离被害单位的控制范围，梁某忠的盗窃行为还未完成，还处于盗窃过程中。梁某忠被发现后逃跑，保安人员对其进行追赶抓捕，梁某忠为了逃脱，立即掏出随身携带的一把卡尺刀将保安人员捅伤，属于当场使用暴力。

最后，使用暴力是为了窝藏赃物、抗拒抓捕或者毁灭罪证。本案中，梁某忠在盗窃过程中被发现后，使用卡尺刀捅伤保安人员的目的是抗拒安保人员的抓捕，以便能顺利逃跑。那么实施抓捕的人是否仅局限于公安人员呢？对此，笔者认为不是的。“抗拒抓捕”，是指犯罪分子抗拒公安人员或者群众的抓捕扭送。根据《中华人民共和国刑事诉讼法》第八十四条的规定，对于正在实施犯罪或者犯罪后即被发觉的，任何公民都可以立即扭送公安机关、人民检察院或者人民法院处理。因此，任何公民对于发现正在实施犯罪的犯罪分子都有扭送的权利。本案中，保安人员发现梁某忠等人正在盗窃工地的财物，有权利对梁某忠等人实施抓捕扭送，且看管工地的财物不被盗窃亦是其义务。梁某忠用卡尺刀将对其实施抓捕扭送的保安人员捅伤，属于暴力抗拒抓捕。最后，梁某忠使用了卡尺刀造成了保安人员受伤，“使用凶器或以凶器相威胁”。

因此，梁某忠在实施盗窃过程中被发现后，为抗拒抓捕当场使用凶器致使被害人受伤，其行为符合转化型抢劫的构成要件，构成抢劫罪。

二、梁某忠是否构成坦白

梁某忠虽然辩解称其行为不构成抢劫罪，但其归案后对整个犯罪过程均如实进行了供述，其的辩解仅是对行为性质的辩解，并未对犯罪事实进行否认。因此，梁某忠如实供述了其罪行，构成坦白。

编写人：广西壮族自治区柳州市鱼峰区人民法院 杨青丹

42

将为索回赌资非法扣押、拘禁他人的行为认定为抢劫罪的先决条件

——梁某志抢劫，王某1等非法拘禁案

【案件基本信息】

1. 裁判书字号

广西壮族自治区崇左市人民法院（2020）桂14刑终170号刑事判决书

2. 案由：抢劫罪、非法拘禁罪

【基本案情】

2018年5月18日16时许，被告人梁某志、王某1、王某2、王某3、黎某等与被害人方某、周某等人在某代销店门前以“大众三公”方式赌博。梁某志赌输了6000元，因见方某、周某等总是赢钱，便怀疑方某、周某等人“出老千”，随即当场质问，并呼叫在场参与赌博的人员将方某、周某等人围堵在赌场内。后梁某志指使在场的赌博人员对被围堵的人员进行搜身，并将赌桌上的赌资连同搜身所得全部予以分赃，梁某志当场分得3000元。后梁某志以方某、周某等人“出老千”为由，召集人员把方某、周某、李某带离赌场，同时电话联系被告人杜某、方某等人前来帮忙。随后，梁某志伙同王某1、王某2、王某

3、王某4、黎某、许某胁迫被害人上车并拉至某观光亭。在观光亭附近，梁某志、王某2、王某1、王某4、黎某、王某3、杜某、方某等人以方某、周某、李某在赌场“出老千”骗钱为由，语言威胁其三人筹钱来交。在胁迫过程中，梁某志还指使杜某、方某、方某2（在逃）、甘某（已另案处理）等人对李某、方某拳打脚踢，致使方某受轻微伤。周某在梁某志等人的胁迫下，被迫通过微信转账的方式转给梁某志一万元。梁某志还指使王某1、黎某、许某将周某挟持到某银行的取款机取了二万元现金，并将该笔现金全部交给梁某志。李某当晚也在梁某志等的恐吓威胁及殴打下，将一万五千元转给了梁某志。梁某志收到款项后，又胁迫方某、周某出具一张以车辆作为抵押尚欠七万元的借条，胁迫李某出具一张以车辆作为抵押尚欠三万五千元的借条交给梁某志，梁某志方才放被害人离开。梁某志当日通过威胁方式获取的四万五千元及在赌场内通过搜身、哄抢赌资等分到的三千元，直至案发后其并没有分给参与作案的同案人和赌场上输钱的其他人员，也没有退还被害人。

【案件焦点】

为索回赌资非法扣押、拘禁他人的行为，构成非法拘禁罪还是抢劫罪。

【法院裁判要旨】

广西壮族自治区扶绥县人民法院经审理认为：被告人梁某志非法限制他人人身自由，并使用暴力、胁迫等方法迫使他人当场交出明显大大超出其所赌输的赌资的钱财，且将超出其赌资的钱财数额39000元全部占为已有，其行为已同时构成非法拘禁罪和抢劫罪，按择一重罪处罚，应以抢劫罪对其进行定罪处罚。索要超出赌资的钱财数额未达到数额巨大的标准（40000元），依法应处三年以上十年以下有期徒刑，并处罚金。被告人王某1、黎某、王某2、王某3、王某4、许某、杜某、方某或为了索回自己赌输的赌资或为了获取运费或为了帮他人索回赌输的赌资，而非法限制他人人身自由，并实施殴打、威胁等行为，其行为已构成非法拘禁罪，公诉机关指控的罪名成立，依法应处三年以下有期徒刑。在共同非法拘禁他人的过程中，梁某志提出犯意且组织实施，王某1、黎某、王某2、王某3、王某4、许某、杜某、方某积极参与实施，均起主要作用，都是主犯，应当按照其所参与的全部犯罪进行处罚。杜某、方某、许某自动投案，并如实供述自己的主要罪行，是自首，且认罪认罚，依法可以从轻处罚；王某1、王某2、王某3、王某4被传唤到案后，如实供述自己的主要罪行，属坦白，且认罪认罚，依法可以从轻处罚；黎某当庭认罪及愿意接受处罚，可酌情从轻处罚；梁某志在庭上对指控的事实无异议，且愿意接受处罚，可酌情从轻处罚。鉴于梁某志、王某1、黎某、许某、杜某、王某2、王某4、方某等八人赔偿了被害人周某、方某的经济损失，取得了对方的谅解，在量刑时酌情予以从轻处罚；杜某另赔偿了被害人李某的经济损失3000元，取得了对方的谅解，在量刑时亦酌情予以从轻处罚。王某1因犯故意伤害罪被本院判处有期徒刑一年，缓刑一年六个月，在缓刑考验期间又发现漏罪，应撤销缓刑，对漏罪作出判决，把前罪没有执行的刑罚和后罪所判处的刑罚实行数罪并罚。根据九被告人的犯罪事实、性质、情节和对社会的危害程度，依照《中华人民共和国刑法》第二百六十三条、第二百三十八条第一款、第二十五条第一款、第二十六条第一款和第四款、第六十七条第一款和第三款、第七十条、第六十九第一款、第六十四条、第六十一条之规定，判决如下：

一、被告人梁某志犯抢劫罪，判处有期徒刑七年六个月，并处罚金人民币一万五千元；

二、撤销广西壮族自治区扶绥县人民法院（2019）桂1421刑初38号刑事判决书中对被告人王某1宣告的缓刑，执行原判刑罚有期徒刑一年；

三、被告人王某1犯非法拘禁罪，判处有期徒刑十一个月，与前罪所判处的有期徒刑一年实行数罪并罚，总和刑期一年十一月，决定执行有期徒刑一年九个月；

四、被告人黎某犯非法拘禁罪，判处有期徒刑一年；

五、被告人王某3犯非法拘禁罪，判处有期徒刑一年；

六、被告人王某2犯非法拘禁罪，判处有期徒刑十一个月；

七、被告人王某4犯非法拘禁罪，判处有期徒刑十一个月；

八、被告人许某犯非法拘禁罪，判处有期徒刑十个月；

九、被告人方某犯非法拘禁罪，判处有期徒刑十个月；

十、被告人杜某犯非法拘禁罪，判处有期徒刑九个月；

十一、责令被告人梁某志退赔被害人李某经济损失人民币15 000元。

梁某志对一审判决不服提起上诉称：（1）其没有非法占有被害人财产的主观故意，不构成抢劫罪；（2）其投案并如实供述犯罪事实，构成自首。上诉人梁某志的辩护人除同意上诉人的上诉意见外，还提出，梁某志在二审期间主动缴纳罚金并退赔被害人的经济损失1.5万元，建议对其判处二年以下有期徒刑，并考虑缓刑。

广西壮族自治区崇左市中级人民法院经审理认为：（1）关于上诉人梁某志的行为定性问题。一审认定梁某志构成抢劫罪、其他同案人构成非法拘禁罪，并无不当。理由与一审一致。（2）关于上诉人梁某志是否构成自首的问题。经查，梁某志于2018年6月被传唤到案时未如实供述，但侦查机关也未对其采取强制措施。2018年11月20日，梁某志主动投案时供认了其与同案人非法拘禁三被害人并强迫三人交出3万元的事实，虽然其在之后的几次供述中有所反复，但在一审开庭期间如实供认其伙同他人强迫三名被害人交出4.5万元的事实。根据《最高人民法院关于处理自首和立功具体应用法律若干问题的解释》第一条第二项的规定，梁某志自动投案后，第一次供述供认其与同案人非法拘禁被害人并强迫被害人交出3万元，供认该部分事实可以认定为自首。

一审认定事实清楚，证据确实充分，审判程序合法，定罪准确，对原审被告人王某1等适用法律正确，量刑适当。上诉人梁某志主动投案后供认其伙同他人非法拘禁被害人并强迫被害人交出3万元的犯罪事实，构成自首。一审未认定梁某志有自首情节，本院予以纠正，并依法对其从轻改判。二审期间，上诉人梁某志积极退赔，并取得被害人的谅解，酌情从轻处罚。

广西壮族自治区崇左市中级人民法院依照《中华人民共和国刑法》第二百六十三条、第二百三十八条第一款、第二十五条第一款、第二十六条第一款和第四款、第六十七条第一款和第三款、第七十条、第六十九第一款、第六十一条，《最高人民法院关于处理自首和立功具体应用法律若干问题的解释》第一条第二项，以及《中华人民共和国刑事诉讼法》第二百三十六条第一款第二项之规定，作出如下判决：

一、维持广西壮族自治区扶绥县人民法院（2020）桂1421刑初54号刑事判决第二、三、四、五、六、七、八、九、十项关于对原审被告人王某1、黎某、王某2、王某3、王某4、许某、杜某、方某的刑事判决；

二、撤销广西壮族自治区扶绥县人民法院（2020）桂1421刑初54号刑事判决的第一项、第十一项判决，即“被告人梁某志犯抢劫罪，判处有期徒刑七年六个月，并处罚金人民币一万五千元”，“责令被告人梁某志退赔被害人李某经济损失人民币15000元”；

三、上诉人梁某志犯抢劫罪，判处有期徒刑六年六个月，并处罚金一万五千元。

【法官后语】

本案处理的难点主要在于对被告人梁某志的行为的定性问题。根据《最高人民法院关于对为索取法律不予保护的债务非法拘禁他人行为如何定罪问题的解释》的规定，行为人为索取高利贷、赌债等法律不予保护的债务，非法扣押、拘禁他人的，依照刑法第二百三十八条的规定定罪处罚，即以非法拘禁罪定罪处罚。本案涉及的是赌资，符合该解释所规定的“法律不予保护的债务”，构成非法拘禁罪没有任何问题。但是，本案中，梁某志所输的赌资仅为6000元，但是其却强迫三名被害人向其交出4.5万元，其暴力索取到的钱款已经超出其所输赌资达3.9万元，而直至案发，其也未将超出其赌博所输部分给其他赌输的同伙。另外，其还让被害人以车辆为抵押写下7万元和3.5万元的欠条。梁某志主观上已经由索回赌资转变为非法占有被害人财物的故意；行为手段方面，其使用威胁、暴力手段逼迫被害人当场交出财物，符合抢劫罪的犯罪构成要件。根据罪数理论，择一重罪定罪处罚。对于梁某志的行为的定性问题，本案一审、二审法院并不存在分歧。

实际生活中，行为人为了索取高利贷、赌债等非法债务而扣押、拘禁他人的案件时有发生。对于为了追回赌资非法扣押、拘禁他人并使用暴力索取财物的该类型行为，是以非法拘禁罪定罪处罚还是以抢劫罪定罪处罚，既要以犯罪构成为标准，也要考虑其他因素，其中最重要的是要以刑法的规定为依据，以罪刑法定原则为最高原则，同时要考虑罪刑相适应原则。本案一审、二审法院在认定梁某志的行为构成抢劫罪时，都遵循一个先决条件，即行为人当场索要的钱财是否明显超出赌资的范围，如果明显超出赌资范围，则应以抢劫罪定罪处罚。

为了从实质上实现刑事司法的公平性，对于为索回赌资而非法扣押、拘禁他人，索取财物的数额未超出已支付的赌资，不具有非法占有他人财物的故意，只以非法拘禁论处。若行为人当场索取被害人的财物明显超出所输赌资，具有非法占有他人财物的故意和目的，应当认定为抢劫。同时，考虑到其他共同作案人的犯罪动机，如果共同作案人并不了解他人的真正犯罪意图，不清楚他人所实施的犯罪行为的性质，仅是出于自己的错误认识，认为只是纯粹地帮助他人索回赌资而实施了对被害人的非法扣押、拘禁并使用暴力索取财物，则不能认定为同案人与他人实施了抢劫的共同犯罪，而应该按照主客观一致的原则以非法拘禁罪定罪处罚。

编写人：广西壮族自治区扶绥县人民法院　黄忠信　石莉娟

（二）盗窃罪

43

多次采用破坏性手段盗窃未遂行为的定性

——常某盗窃案

【案件基本信息】

1. 裁判书字号

河北省石家庄市栾城区人民法院（2020）冀 0111 刑初 69 号刑事判决书

2. 案由：盗窃罪

【基本案情】

常某于 2019 年 8 月至 10 月，以非法占有为目的，共 31 次采用撬棍损坏停放在道路边的汽车玻璃和汽车车门的手段秘密窃取他人车内财物，其中 14 起盗窃行为盗窃到财物共计 10000 余元，剩余 17 起盗窃行为未盗得财物。31 次盗窃行为造成车辆损失共计 9000 余元。

【案件焦点】

窃得财物行为和未窃得财物行为应当按照盗窃罪一罪处理，还是窃得财物行为构成盗窃罪，未窃得财物部分认定为故意毁坏财物罪，然后以盗窃罪和故意毁坏财物罪实行数罪并罚。

【法院裁判要旨】

河北省石家庄市栾城区人民法院经审理认为：以破坏性手段多次实施盗窃

行为，其中包括窃得财物部分和未窃得财物部分。多次盗窃行为既符合数额较大的入罪标准又符合多次盗窃的入罪标准，应当优先适用数额型入罪标准，将窃得财物部分与未窃得财物部分作为一个整体，按照数额型盗窃罪的入罪标准入罪。未窃得财物部分应当认定为盗窃未遂，作为量刑情节予以评价。河北省石家庄市栾城区人民法院于2020年6月18日判决如下：

被告人常某犯盗窃罪，判处有期徒刑二年三个月，并处罚金人民币一万元。

宣判后，公诉机关未抗诉，被告人常某也未提出上诉，判决已发生法律效力。

【法官后语】

法院生效裁判认为，被告人常某以破坏性手段连续实施多次盗窃行为，应当认定为盗窃罪一罪。

第一，多次盗窃数额较大的行为应当坚持一个入罪标准。从立法的原意上来看，刑法规定“多次盗窃”意在处罚行为人实施了多次盗窃，但盗窃数额未达到数额型盗窃罪的入罪标准的行为。如果行为人多次盗窃行为，窃得财物数额较大，符合数额型入罪标准，此时数额型入罪标准与次数型入罪标准存在竞合，应当将多次盗窃行为作为一个犯罪整体进行数额累计，适用数额型入罪标准。在本案中31次盗窃行为共窃得财物一万余元，符合数额型入罪标准，本案构成一个数额型盗窃罪。

第二，31次盗窃行为又造成车辆损失九千余元，31次盗窃行为构成数额型盗窃罪的同时也符合故意毁坏财物罪，根据牵连犯的处断原则，应当从一重罪处罚。根据《最高人民法院、最高人民检察院关于办理盗窃刑事案件适用法律若干问题的解释》（以下简称《解释》）第十一条第一项的规定，采用破坏性手段盗窃公私财物，造成其他财物损毁的，以盗窃罪从重处罚；同时构成盗窃罪和其他犯罪的择一重罪从重处罚。从司法解释的规定来看，第一项专门规定了以破坏性手段盗窃的情形，本案被告人的行为既构成盗窃罪又触犯了故意毁坏财物罪，但从盗窃罪的盗窃数额与故意毁坏财物的数额相比，本案盗窃罪数额比毁坏财物的数额大且盗窃罪的入罪数额标准低，故盗窃罪的量刑要重于故意毁坏财物罪，因而，本案应该按照盗窃罪一罪从重处罚。

该解释第十一条第三项规定，盗窃行为未构成犯罪，但损毁财物构成其他犯罪的，以其他犯罪定罪处罚。该解释第十一条第三项的内容，意在规制实施了盗窃行为而不构成盗窃罪的情形，即从整个犯罪行为来看，行为人虽然实施了盗窃行为但是不符合盗窃罪的所有构成要件，同时行为构成其他犯罪的，以其他犯罪定罪处罚。本案中被告人常某多次盗窃财物的行为已构成盗窃罪，不符合第三项规定“盗窃行为未构成犯罪”的条件。因而，也就排除了该解释第十一条第三项适用的可能。

第三，为了对多次未窃得财物部分进行充分评价。未窃得财物部分符合多次盗窃的构成要件，成立盗窃罪。但由于被告人意志以外的原因未得逞。被害人未失去对财物的控制，其财产所有权没有受到实质侵害。因而，应当认定为盗窃未遂，并且《解释》第十二条第二款也明确了对盗窃罪既遂未遂的处理方式。因而，在一个盗窃罪中既存在数额型盗窃罪又存在次数型盗窃罪，应当坚持一个入罪标准，认定为盗窃罪一罪。未窃得财物部分属于盗窃未遂，作为从重量刑情节来评价。

基于以上分析，多次以破坏性手段盗窃数额较大的行为，其中包括窃得财物和未窃得财物部分。整个案件应当优先适用数额型盗窃罪进行入罪；其手段和方法又触犯了故意毁坏财物罪，应当按照牵连犯的处罚原理，以盗窃罪一罪从重处罚；未窃得财物部分应当认定为盗窃未遂，作为从重量刑情节予以评价更加符合立法精神、《解释》原意和刑法原理。不宜再将窃得财物和未窃得财物部分割裂开来分别评价为两罪实行数罪并罚。

编写人：河北省石家庄市栾城区人民法院　王素斌

44

将已出卖的银行卡办理的 POS 机内钱款秘密据为己有行为的认定

——卫某盗窃案

【案件基本信息】

1. 裁判书字号

河南省平顶山市中级人民法院（2020）豫 04 刑终 185 号刑事裁定书

2. 案由：盗窃罪

【基本案情】

2019 年 4 月，卫某通过在网上查询及向其朋友李某打听，得知出售银行卡可以获利，遂在网上查找添加了微信名为“bear”的微信（以下简称“熊”），随后按照“熊”的要求，以自己的身份证办理了数张银行卡、手机卡，后将银行卡、手机卡一并邮寄给“熊”，又按照“熊”的指示，人脸认证办理了数台卡友 POS 机，使 POS 机、银行卡、手机卡相互绑定在一起，从而使在该 POS 机上消费后，钱款于数日后到达与该 POS 机绑定的银行卡上，通过办理银行卡、手机卡、办理 POS 机等出售给“熊”，卫某共获利 23000 元。2019 年 5 月 11 日，郭某行被他人通过电信诈骗手段骗取 121838.14 元，该钱款经逐层流转，后在商户名为某酒店和通某海鲜的 POS 机消费 120700 元，经查此两部 POS 机均为被告人卫某名下所有。2019 年 5 月，“熊”让被告人卫某将出售给自己的银行卡 62122606090××××3602（以下简称“尾号 3602”）提高每日转账额度，卫某于 2019 年 5 月 13 日补办了与该卡绑定的手机号 1520486××××，注销“尾号 3602”卡，重新办理了银行卡，卡号为 62122606090××××5177

（以下简称“尾号5177”），“尾号3602”卡内原有3804.02元转入“尾号5177”卡内。随后，卫某用该手机号接收验证码的方式登陆某App，发现该手机号绑定的POS机，有34723.04元未到账，此POS机绑定的提现银行卡号为“尾号3602”卡，其便在“熊”不知情的情况下，联系卡友公司客服人员，将POS机绑定的提现银行卡号变更为“尾数5177”的银行卡，“尾号5177银行卡”于2019年5月17日收到卡友付款34723.04元，卫某将该款用于个人消费。2019年5月，被告人卫某补办了已出售给“熊”的手机号为1520487××××的手机卡后，通过接收验证码的方式登录卡友App，发现该手机号绑定的POS机，有21051.58元未到账，便于2019年5月17日、18日拨打卡友客服人员将POS机原绑定的提现银行卡号为62284821482××××4873变更为“尾号5177”银行卡，“尾号5177”银行卡于2019年6月1日收到卡友付款21051.58元。卫某将该款用于个人消费。2019年5月21日，被告人卫某将已出售给“熊”的卡号为62284821482××××4873的农业银行卡注销，补办新卡后消费240元。

【案件焦点】

行为人用所出卖银行卡办理POS机后，将机内钱款秘密据为已有，针对该行为如何定性。

【法院裁判要旨】

河南省汝州市人民法院经审理认为：被告人卫某以非法占有为目的，采取秘密手段，多次窃取他人财物，数额巨大，其行为已构成盗窃罪。公诉机关指控的罪名成立，予以支持。关于被告人卫某的辩护人提出的“被告人系在公安机关调查郭某行被诈骗一案时接受询问，其在到案后如实供述了其将郭某行被诈骗案以外的其他款项进行消费的事实，后因被告人的行为被认定为盗窃罪，而非诈骗犯罪，故属公安机关尚未掌握的犯罪事实，因此卫某的行为应认定为自首”的辩护意见。经查，结合公安机关出具的受案登记表、破案报告及被告人卫某的到案供述，能够证实本案虽然因郭某行被诈骗而被立案，但在公安机关侦查时已掌握了卫某办卡、将原卡挂失并办理新卡以及款项到账后进行消费的事实，被告人到案后仅是对款项的由来以及将钱款据为己有的过程予以详细说明，属坦白行为，不符合“自首”的法律构成，故对被告人的辩护人提出的辩护意见，不予采纳。被告人卫某到案后及庭审中认罪态度较好，能够主动退缴其违法所得，可对其酌情从轻处罚。结合本案的其他情节，在量刑时一并予以考虑。依照《中华人民共和国刑法》第二百六十四条、第五十二条、第五十三条之规定，判决：

一、被告人卫某犯盗窃罪，判处有期徒刑三年，并处罚金人民币五万元；

二、被告人卫某退缴至汝州市公安局的违法所得五万六千零一十五元，由公安部门依法处理。

一审宣判后，被告人卫某提出上诉。

河南省平顶山市中级人民法院经审理认为：卫某以非法占有为目的，采取秘密手段，多次窃取他人财物，数额巨大，其行为已构成盗窃罪。原审判决认定事实清楚，证据确实、充分，适用法律正确，审判程序合法，量刑适当。裁定：

驳回上诉，维持原判。

【法官后语】

本案中，卫某将以自己的身份证办理的银行卡及手机卡出售给“熊”（系卫某银行卡和手机卡的收买人，微信号为“Bear”，以下简称“熊”），并在“熊”的指使下办理数台与银行卡及手机卡相绑定的POS机，被他人用来实施诈骗犯罪，卫某在查询到POS机内有未到账款项后，在“熊”不知情的前提下变更POS机所绑定的银行卡，并将款项取出用于个人消费。卫某的犯罪情节与其他盗窃犯罪相比，具有明显特殊性。首先，卫某盗窃的对象系其他诈骗案件中被害人被骗取的赃款；其次，卫某系通过换绑POS机银行卡方式秘密将其中的款项据为己有，其手段异于常规盗窃犯罪。关于本案的定性问题，还有两种不同意见，一种意见认为其行为构成侵占罪，另一种意见则认为其行为构成掩饰、隐瞒犯罪所得罪。对此，笔者经过综合分析研判如下：

本案中卫某以非法占有为目的，采取秘密手段，通过换绑POS机银行卡、注销并补办新卡等方式多次窃取他人财物，卫某的主观故意及客观行为均符合盗窃罪的犯罪构成特征，应认定为盗窃罪。

一、关于卫某行为是否构成侵占罪

关于卫某行为是否应认定为侵占罪。依据刑法规定，侵占罪，是指以非法占有为目的，将他人的交给自己保管的财物、遗忘物或者埋藏物非法占为己有，数额较大，拒不交还的行为。该罪的犯罪对象只限于三种财物：一是代为保管的他人财物；二是他人的遗忘物；三是他人的埋藏物。本案中，卫某在窃取款项之前，系通过登录卡友App的方式得知自己手机号所绑定的POS机内存在未到账钱款，后秘密通过换绑银行卡等途径将钱款据为己有，其主观上虽然以非法占有为目的，但其客观上在实施窃取行为前并未对财物实际占有，且其窃取的财物系其他案件中被害人被骗取的钱款，亦不属于侵占罪所涉及的三种对象，故卫某的行为不构成侵占罪。

司法实务中，区分盗窃罪与侵占罪的关键，在于判断作为犯罪对象的财物是否脱离占有以及由谁占有。行为人不可能盗窃自己事实上占有的财物，对自己事实上已经占有的财物只能成立侵占罪。侵占罪的特点是将自己占有的财产不法转变为其所有，因此，只要某种占有具有被处分的可能性，便属于侵占罪中的代为保管，即占有。从客观上说，占有是指事实上的支配（与非法占有目的中的占有不是等同概念），不仅包括物理支配范围内的支配，而且包括社会观念上可以推知财物的支配人的状态。

二、关于卫某行为是否构成掩饰、隐瞒犯罪所得、犯罪所得收益罪

依据刑法第三百一十二条之规定，构成掩饰、隐瞒犯罪所得、犯罪所得收益罪，必须具备以下条件：(1) 行为人明知是犯罪所得或者是其犯罪收益；(2) 行为人对其实施了掩饰、隐瞒的行为。在主观上，此处的“明知”包括“明确知道”和“应当知道”两种情形。在司法实践中，认定行为人是否“明知”应根据行为人的行为和案件的情况，结合其口供，综合予以认定。在客观上，本罪包括“窝藏、转移、收购、代为销售或者以其他方法掩饰、隐瞒的行为”。

本案中，结合案件事实以及相关证据，虽然卫某客观上实施了转移赃款的行为，但其在实施转移赃款的行为前，主观上对POS机内款项系其他案件中被

害人被骗取的赃款这一事实并不知情，故卫某的行为不构成本罪。

编写人：河南省平顶山市中级人民法院　朱至元

（三）诈骗罪

45

网络诈骗案件中如何认定共同犯罪和主从犯

——陈某宁等诈骗案

【案件基本信息】

1. 裁判书字号

广西壮族自治区柳州市中级人民法院（2020）桂02刑终132号刑事裁定书

2. 案由：诈骗罪

【基本案情】

1. 2019年1月8日，被告人黄某武通过购买的QQ号码添加被害人郑某洪为好友，后黄某武冒充郑某洪的儿子，虚构在学校参加培训班需要缴纳报名费的事实，并利用1781066××××的手机号，骗取郑某洪向黄某武提供的户名为陆某峰，账号为622841083455789××××的银行账户转账人民币13600元，该笔款项由黄某武利用其注册的赌博平台，转至其专门用于提取诈骗所得钱款的银行账户内，再由被告人廖某真到自助银行取现并按10%的比例抽取好处费后，将剩余钱款交给黄某武。

2. 2019年3月10日，被告人陈某宁通过购买的QQ号码添加被害人李某群为好友，后陈某宁冒充李某群的亲属，虚构身在国外因外汇饱和无法支付的事实，以请求垫付机票费用的方式，并利用1501106××××的手机号，骗取李某群向陈某宁提供的账号为623251320009××××的中国建设银行账户转账人民币9800元。

3. 2019年3月13日，被告人陈某宁通过购买的QQ号码添加被害人安某东为好友，后陈某宁冒充安某东的亲属，虚构身在国外因外汇饱和无法支付的事实，以请求垫付机票费用的方式，并利用1861693××××的手机号，骗取安某东向陈某宁提供的户名为李纪明，账号为621226100109492××××的银行账户转账人民币19200元。

4. 2019年3月14日，被告人陈某宁通过购买的QQ号码添加被害人张某芳为好友，后陈某宁冒充张某芳的儿子，虚构在学校参加培训班需要缴纳报名费事实，并利用1501106××××的手机号，骗取张某芳向陈某宁提供的户名为祁某，账号为622203310002597××××的银行账户转账人民币9800元。

5. 2019年5月21日，被告人陈某宁通过购买的QQ号码添加被害人贺某兰为好友，后陈某宁冒充贺某兰的朋友，虚构身在国外因外汇饱和无法支付的事实，以请求垫付机票费用的方式，并利用1373998××××的手机号，骗取贺某兰三次向陈某宁提供的户名为祁某，账号为622203310002597××××的银行账户转账共计人民币25200元。

6. 2019年5月29日，被告人陈某宁通过购买的QQ号码添加被害人王某军为好友，后陈某宁冒充王某军的朋友，虚构身在国外因外汇饱和无法支付的事实，以请求垫付机票费用的方式，并利用1324981××××的手机号，骗取王某军向陈某宁提供的户名为骆某勇，账号为623052012004736××××的账户转账人民币16800元。

7. 2019年5月29日，被告人陈某宁通过购买的QQ号码添加被害人沈某为好友，后陈某宁冒充沈某的朋友，虚构身在国外因外汇饱和无法支付的事实，以请求垫付机票费用的方式，并利用1324981××××的手机号，骗取沈某向陈某宁提供的户名为骆某勇，账号为623052012004736××××的银行账户转账人民币8400元。

2019年6月10日，被告人陈某宁、黄某武、廖某真伙同“大谷”（在逃）携带笔记本电脑、手机、银行卡等物品，来到某镇寻找固定场所继续实施电信诈骗。4人共同租住在某小区×号三楼，同时共同承租了某街××号××室作为实施电信诈骗的场所，共同实施电信诈骗。具体事实如下：

1. 2019年6月16日，被告人陈某宁通过购买的QQ号码添加被害人胡某忠为好友，后陈某宁冒充胡某忠的朋友，虚构身在国外因外汇饱和无法支付的事实，以请求垫付机票费用的方式，并利用1586494××××的手机号，骗取胡某忠三次向陈某宁提供的户名为姜某鲁，账号为622848132902958××××的中国农业银行账户转账共计人民币56800元。该笔款项通过被告人黄某武提供的赌博平台转至其专门用于提取诈骗所得钱款的银行账户内，再由被告人廖某真到自助银行取现。黄某武、廖某真各自按10%的比例抽取好处费后，将剩余钱款交给陈某宁。

2. 2019年6月16日、2019年6月19日，被告人黄某武提供其诈骗使用的1781066××××手机号给他人用于实施电信诈骗，后他人虚构身在国外因外汇饱和无法支付的事实，以请求垫付机票费用的方式，先后骗取被害人陈某学转账人民币4004元、被害人付某转账人民币17200元到户名为宋某涛，账号为622203161100306××××的银行账户内。该笔款项通过黄某武提供的赌博平台转至其专门用于提取诈骗所得钱款的银行账户内，再由被告人廖某真到自助银行取现并按10%的比例抽取好处费后，将剩余的15300元通过微信转账给黄某武。

3. 2019年6月17日，被告人陈某宁通过购买的QQ号码添加被害人胡某为好友，后陈某宁冒充胡某的朋友，虚构身在国外因外汇饱和无法支付的事实，以请求垫付机票费用的方式，并利用1324981××××的手机号，骗取胡某向陈某宁提供的户名为姜某鲁，账号为622848132902958××××的银行账户转账人民币5100元。该笔款项通过被告人黄某武提供的赌博平台转至其专门用于提取诈骗所得钱款的银行账户内，再由被告人廖某真到自助银行取现。黄某武、廖某真各自按10%的比例抽取好处费后，将剩余钱款交给陈某宁。

综上所述，被告人陈某宁诈骗数额为人民币172304元；被告人黄某武、廖某真诈骗数额为人民币96704元。

【案件焦点】

1. 在网络诈骗案件中如何认定共同犯罪；2. 在共同实施诈骗犯罪中只是参与最后取钱环节，是否能够认定为主犯，在共同犯罪中如何区分主从犯。

【法院裁判要旨】

广西壮族自治区柳州市鱼峰区人民法院经审理认为：被告人陈某宁、黄某武、廖某真以非法占有为目的，结伙利用电信网络技术手段，采用虚构事实、隐瞒真相的方式骗取他人财物，数额巨大，根据《中华人民共和国刑法》第二百六十六条之规定，其行为构成诈骗罪。公诉机关指控陈某宁、黄某武、廖某真犯诈骗罪成立。在共同犯罪中，陈某宁、黄某武、廖某真虽然分工不同，但均积极参与，均是主犯，依法应当按照其所参与的全部犯罪处罚。陈某宁、黄某武、廖某真归案以后能够如实供述自己的罪行，依法可以从轻处罚。陈某宁、黄某武、廖某真的犯罪行为给被害人造成的经济损失，本院依法责令退赔。关于陈某宁提出没有实施过陈某学、付某这二起诈骗的辩解意见，法院认为，三名被告人共同商量实施电信诈骗后，在共同租赁的房屋内实施电信诈骗，具有共同诈骗的故意，各被告人均应对共同犯罪的全部后果承担责任，故对此辩解意见，不予采纳。关于黄某武的辩护人提出黄某武在共同犯罪中是作用相对较小的主犯、廖某真的辩护人提出廖某真系从犯的辩护意见，法院认为，黄某武、廖某真明知陈某宁等人实施网络诈骗，为了提取抽成牟利，廖某真提供网络赌博平台给陈某宁等转移骗取款项，之后由廖某真至银行柜员机提取赃款，二人抽取报酬后将骗取的款项交给陈某宁等，黄某武、廖某真的行为对电信诈骗犯罪目的的实现具有积极、直接的促进作用，是被告人成功控制诈骗款的最后一个环节，二人不能认定为作用相对较小的主犯或从犯，故对此辩护意见，不予采纳。关于廖某真的辩护人提出廖某真的犯罪数额应以提现金额的10%为准的辩护意见，法院认为，廖某真明知陈某宁、黄某武等人实施电信网络诈骗犯罪，仍然帮助取现，并抽取报酬，共同骗取被害人财物，其行为已构成诈骗罪的共同犯罪，犯罪数额应当以被害人被骗取的金额计算，故对此辩护意见，不予采纳。依照《中华人民共和国刑法》第二百六十六条、第二十五条第一款、第二十六条第一款及四款、第六十七条第三款、第五十二条、第五十三条、第六十四条、第六十一条以及《最高人民法院、最高人民检察院关于办理诈骗刑事案件具体应用法律若干问题的解释》第一条之规定，判决如下：

一、被告人陈某宁犯诈骗罪，判处有期徒刑五年六个月，并处罚金人民币四万元；

二、被告人黄某武犯诈骗罪，判处有期徒刑四年，并处罚金人民币三万元；

三、被告人廖某真犯诈骗罪，判处有期徒刑四年，并处罚金人民币三万元；

四、随案移送的作案工具：诺基亚牌手机3台、Vivo牌手机2台、联想牌手机2台、华为牌手机2台、三星牌手机1台、苹果牌手机1台、OPPO牌手机1台、移动自有品牌A3一台、华硕牌笔记本电脑1台、惠普牌笔记本电脑2台、银行卡、U盘、硬盘、电话卡一批，予以没收；

五、责令被告人陈某宁、黄某武、廖某真共同退赔被害人胡某忠经济损失人民币五万六千八百元、陈某学经济损失人民币四千零四元、付某经济损失人民币一万七千二百元、胡某经济损失人民币五千一百元；责令被告人黄某武、廖某真共同退赔被害人郑某洪的经济损失人民币一万三千六百元；责令被告人陈某宁退赔被害人李某群经济损失人民币九千八百元、安某东经济损失人民币一万九千二百元、张某芳经济损失人民币九千八百元、贺某兰经济损失人民币二万五千二百元、王某军经济损失人民币一万六千八百元、沈某经济损失人民币八千四百元。

被告人陈某宁、黄武军、廖某真对一审判决不服，提起上诉。

广西壮族自治区柳州市中级人民法院依照《中华人民共和国刑事诉讼法》第二百三十六条第一款第一项的规定，裁定：

驳回上诉，维持原判。

【法官后语】

一、网络诈骗案件中如何认定共同犯罪

所谓共同犯罪，是指二人以上共同故意犯罪。首先，主体必须是二人或二人以上。本案中，在柳州共同实施诈骗的有陈某宁、黄某武、廖某真，符合共同犯罪的主体要求。

其次，主观上要求各共同犯罪人必须具有共同的犯罪故意，各共同犯罪人知道在自己实施犯罪行为的同时有其他人配合共同实施犯罪，且明知共同犯罪行为必然或可能造成危害社会的后果，但仍希望或放任这种危害结果的发生。本案中，三名罪犯事先在宾阳时便共同商议实施电信诈骗，并准备了作案工具，之后三人在出租房实施网络诈骗，证实三人具有共同的诈骗故意。在被害人陈某学、付某被诈骗中，陈某宁虽然在犯罪实施阶段没有具体的犯罪行为，但其与黄某武、廖某真具有共同的诈骗故意，其应对其参与期间诈骗团伙实施的全部诈骗行为承担责任，而参与期间系从着手实施共同照片行为开始起算至全部诈骗行为结束。因此，陈某宁应当对该二起诈骗承担共同的犯罪后果。

再次，客观方面各共同犯罪人实施了共同的犯罪行为。本案中，三名罪犯在共同租赁的出租房内实施网络诈骗，在作案期间虽每人具体实施的行为不同，陈某宁冒充被害人朋友打电话对被害人实施诈骗，黄某武提供赌博平台将诈骗钱款提取至诈骗使用的银行账户内，廖某真到自助银行取现，后共同分赃，三人分工配合，共同实施了网络诈骗被害人财物的行为。

最后，客体方面各共同犯罪人侵害了同一犯罪客体。本案中，三名罪犯在共同的诈骗故意下共同实施网络诈骗，通过拨打电话冒充被害人的朋友，虚构事实，骗取被害人的钱款，侵害了被害人财产所有权。

因此，法院结合共同犯罪的构成要件以及本案中三名罪犯的具体犯罪行为，认定三名被告人具有共同实施网络诈骗的故意，并实施了共同的网络诈骗行为，侵害了被害人的财产所有权，构成共同犯罪，三人应当对其参与期间共同犯罪的全部后果承担刑事责任。

二、共同犯罪中如何区分主从犯

在共同犯罪中，应当根据各罪犯在共犯中所起作用的大小区分主从犯，给予不同的量刑。可以从是否是犯意提起者、是否是策划指挥者、对犯罪结果的作用大小等方面进行考量。本案中，三名罪犯事前共谋，具有共同的诈骗故意，在具体实施诈骗过程中，黄某武、廖某真为了提取抽成牟利，提供网络赌博平台给陈某宁等人转移骗取款项，之后由廖某真至银行柜员机提取赃款，二人抽取报酬后将骗取的款项交给陈某宁等人，黄某武、廖某真的行为对电信诈骗犯罪目的的实现具有积极、直接的促进作用，是成功控制诈骗款的最后一个环节。因此，黄某武、廖某真均是主犯。

编写人：广西壮族自治区柳州市鱼峰区人民法院　杨青丹

46

合同诈骗非法占有目的的认定

——王某红合同诈骗案

【案件基本信息】

1. 裁判书字号

北京市第二中级人民法院（2020）京02刑终380号刑事裁定书

2. 案由：合同诈骗罪

【基本案情】

1. 2017年7月，被告人王某红以能够帮助被害人郭某光和袁某春、张某颖夫妇改扩建某小区别墅为由，与被害人签订建设工程施工合同，谎称为郭某光和袁某春、张某颖夫妇办理施工批件并进行别墅改扩建，骗取郭某光人民币95万余元，骗取袁某春、张某颖人民币50万元。王某红将其中人民币20余万元用于支付施工费，并在案发前退还郭某光人民币0.5万元，退还袁某春、张某颖人民币5.3888万元。

2. 2016年2月1日，被告人王某红在某大厦四层，谎称能够发包某项目，与被害人陈某水签订建筑工程施工劳务分包合同，收取陈某水履约保证金人民币20万元，案发前已退还陈某水人民币17.5万元。

被告人王某红的部分银行账户已被冻结。案件审理过程中，王某红退缴人民币5万元。

【案件焦点】

1. 被告人虚构身份，被害人疏于查证核实，能否据此否认被告人实施了刻意虚构身份的行为；2. 被告人相关行为无助于合同目的的实现，能否认定具有履约表现。

【法院裁判要旨】

北京市丰台区人民法院经审理认为：建设工程施工劳务分包合同、收据证实2016年2月1日陈某水因某项目向王某红支付履约金20万元；证人刘某智、张某证言证实2016年10月王某红为某项目联系请托刘某智等，但二人均称王某红与此项目无关；证人施某证言、施工总承包合同证实2016年11月某项目通过招标确定承包人，且与王某红所请托的人员无关；证人张某、施某证言证实某建筑公司不存在分包合同所使用的某项目部；司法鉴定意见书恢复的数据能够证实王某红尚未归还陈某水全部经济损失。综上，可认定被告人王某红在其本人未取得项目授权的情况下，与被害人签订劳务分包合同，收取被害人履约保证金，后致被害人经济损失，其行为符合合同诈骗罪的构成，应认定为合同诈骗罪。被告人王某红在签订、履行合同过程中，采取虚构事实、隐瞒真相的方法骗取他人财物，数额特别巨大，其行为已构成合同诈骗罪，应予处罚。

北京市丰台区人民法院依照《中华人民共和国刑法》第二百二十四条、第五十二条、第五十三条、第五十五条第一款、第五十六条第一款、第六十一条、第六十四条之规定，判决如下：

一、被告人王某红犯合同诈骗罪，判处有期徒刑十一年，剥夺政治权利二年，并处罚金人民币十一万元；

二、责令被告人王某红退赔各被害人经济损失；

三、在案冻结银行账户内钱款，依法并入本判决第二项执行；在案扣押手机一部，依法予以没收存档。

宣判后，王某红提出上诉。王某红的上诉理由及其辩护人的辩护意见为：王某红未对本案被害人虚构某建筑公司工作人员的身份；王某红与郭某光之间系施工合同关系，郭某光未能提供施工图纸等原因造成别墅改扩建工程未能如期完工；王某红与袁某春、张某颖之间是民间借贷关系；王某红未对陈某水虚构某项目，收到的20万元是否来源于陈某水不明、性质不清。综上，王某红不具有非法占有他人钱款的主观目的，亦未实施虚构事实骗取他人钱款的行为。

北京市第二中级人民法院经审理认为：王某红以非法占有为目的，在签订、履行合同过程中，虚构事实骗取他人钱款，其行为已构成合同诈骗罪，且诈骗数额特别巨大，依法应予惩处。王某红部分退赃，可对其酌予从轻处罚。一审法院认定王某红犯合同诈骗罪的主要事实清楚，证据确实、充分，定罪及适用法律正确，量刑适当，对冻结、扣押款物的处理无误，审判程序合法；唯认定王某红实际骗得陈某水钱款的具体金额有误，法院予以更正，责令王某红退赔被害人经济损失的具体金额由一审法院在补充发还清单时相应进行纠正。

北京市第二中级人民法院依照《中华人民共和国刑事诉讼法》第二百三十六条第一款第一项之规定，裁定：

驳回上诉，维持原判。

【法官后语】

王某红成立某装饰公司，在案多名被害人及证人均指证王某红还积极主动冒充某建筑公司或者下属企业的工作人员，以此骗取他人信任；王某红将某装饰公司营业执照以照片形式发给被害人，以该公司名义与被害人签订协议，被害人疏于查证核实，不能据此否认王某红实施了刻意虚构身份的行为。

郭某光与王某红签订别墅改扩建施工合同，是因为王某红虚构能够找关系办理审批手续，该情节有郭某光的陈述、王某红的供述、电话录音等直接证据予以证实，王某红辩称为了承揽工程，找关系办手续只是说说而已、没有当真，正是其在签订、履行合同过程中，夸大办事能力，诱使郭某光等人交付钱款犯罪故意最直接的体现；王某红骗得郭某光95万余元预付工程款后，将其中48万元转给周某明，用于归还向周某明的借款，只不过周某明同为本案具体施工方，王某红辩称48万元系支付工程款，与周某明的证言等证据不符；王某红不仅无办理别墅改扩建审批手续的能力，还将收取的绝大部分款项用于归还债务、消费等支出，导致工程停滞；由于缺乏审批手续，别墅改扩建止于拆除，前期所谓的施工只是王某红实现非法占有目的之手段，不仅无助于合同目的的实现，反而造成被害人财物的毁损，周某明与王某红之间工程款结算纠纷不影响王某红行为性质的认定；案发后，王某红不仅未归还郭某光被骗款项，还对郭某光提起民事诉讼，要求法院判令郭某光支付“拖欠工程款”，进一步印证了王某红非法占有他人钱款的目的。

刑事犯罪需要对行为性质进行实质评判。袁某春、张某颖因改扩建别墅认识王某红，不具有将50万元三个月无息、无担保借给王某红的理由；袁某春、张某颖、郭某光均证实，三人通过郭某光与王某红签订改扩建别墅的施工合同，郭某光按约预付40%的工程款，王某红提出再多付部分钢结构款，袁某春、张某颖以借款形式将50万元转给了王某红；借条载明的还款截止日期与施工合同约定的工程竣工日期完全一致，张某颖亦通过微信多次询问王某红钢结构购买情况。故该50万元虽以借款名义支付，但实为王某红在签订、履行合同过程中虚构事实骗得的款项。

一审法院未认定王某红虚构某项目，而是认定王某红虚构已取得该项目的承包权，该情节有陈某水的陈述、建设工程施工劳务分包合同等证据予以证实；陈某水还证明王某红以收取履约保证金为名骗取陈某水20万元，加盖某装饰公司公章且备注履约保证金的收据与陈某水的陈述相互印证，足以认定。

综上，在案证据充分证实王某红在签订、履行合同过程中虚构身份、夸大办事能力，以收取预付款或履约保证金的名义骗取他人钱款，后用于归还债务或消费等支出，导致钱款在案发前未能归还，甚至通过起诉被害人的形式逃避归还，王某红的行为反映出其具有非法占有的主观目的，超出了民事法律关系范畴，符合了合同诈骗罪的构成要件。

编写人：北京市第二中级人民法院　周耀

47

营业执照上的法定代表人转让店铺的行为是否构成合同诈骗罪

——周某武合同诈骗案

【案件基本信息】

1. 裁判书字号

广西壮族自治区北海市中级人民法院（2020）桂05刑终295号刑事裁定书

2. 案由：合同诈骗罪

【基本案情】

周某武于2014年12月18日与某餐饮公司签订《某餐饮公司法牧牛排咖啡店加盟约定书》，加盟该品牌。被告人周某武于2014年12月19日与某物业公司签订《某大厦房屋租赁合同》，租赁某大厦附二层（含主三层）。2015年7月1日，被告人周某武与张某光签订《某餐饮公司合作经营合同》，张某光占40%的股份。2015年10月27日，被告人办理某餐饮公司的营业执照，经济性质为个体工商户，经营者姓名为周某武。2015年11月8日，周某武、张某光、聂某签订《某餐饮公司法牧咖啡三方股东合作协议书》，共同经营该咖啡店，张某光占45%的份额，被告人周某武占35%的份额，聂某占20%的份额。2016年2月3日，被告人周某武与张某光签订《股份转让协议》，被告人以136万元购买张某光的股份，已付款60万元，余款未付。2016年2月3日，被告人以该咖啡店80%份额及某大厦两套房产作抵押，向梁某伟、罗某艳借款86.4万元。2016年7月18日，被告人周某武未告知朱某楠该咖啡店有其他股东、欠装修费、空调费、租金以及用于抵押借款的事实，与朱某楠签订《经营权转让合同》及《附加合同》，将上述咖啡店的经营权以190万元的价格转让给朱某楠，约定咖啡店的相关装修、装饰、设备及相关资源归朱某楠所有，租赁的房屋由朱某楠继续使用。双方特别约定：被告人于2016年7月25日前将转让事宜通知某物业公司及某餐饮公司。签订合同之前，被告人周某武于2016年7月16日收取朱某楠支付的定金10万元。2016年7月19日朱某楠通过银行转账支付前期转让费100万元给被告人周某武，当日，被告人周某武将上述100万元中的16万元转账还款给刘某硕，取现82万元后携款逃离北海，并关闭联系所用的手机。被告人周某武携款逃跑后，店铺因拖欠抵押借款，被债权人追债，因拖欠租金被某物业公司收回，该店加盟时间至2017年12月18日。至开庭前，被害人朱某楠仍未获得该店的经营权，也未能实际接收经营该店。

2017年5月11日15时许，被告人周某武被公安机关抓获。

【案件焦点】

营业执照上的法定代表人转让店铺的行为是否构成合同诈骗罪。

【法院裁判要旨】

广西壮族自治区北海市海城区人民法院经审理认为：被告人周某武以非法占有为目的，隐瞒某咖啡店有其他股东，用该店80%的股份抵押借款，拖欠房屋租金的情形，利用营业执照取得朱某楠的信任，诱使朱某楠与其签订经营权转让合同，在拿到朱某楠支付的大部分转让款一百一十万元后，没有将转让款分给其他股东、支付咖啡店拖欠的租金及偿还相关借款，便携款潜逃，将手机关机，致使被害人无法获取店铺经营权，至开庭前，被告人也未将转让款返还被害人朱某楠，其行为符合《中华人民共和国刑法》第二百二十四条第四项“收受对方当事人给付的货物、货款、预付款或者担保财产后逃匿的”的情形，被告人诈骗数额特别巨大，其行为已构成合同诈骗罪。公诉机关指控的罪名成立。根据被告人周某武犯罪的事实、性质、情节及对社会的危害程度，依照《中华人民共和国刑法》第二百二十四条第四项、第四十五条、第四十七条、第五十二条、第五十三条、第六十四条之规定，判决如下：

一、被告人周某武犯合同诈骗罪，判处有期徒刑十年，并处罚金人民币四十万元（刑期从判决执行之日起计算。判决执行以前先行羁押的，羁押一日折抵刑期一日，即自2020年7月8日起至2029年9月18日止；罚金自判决生效之日起一个月内向本院缴纳，逾期不缴纳的，强制缴纳）；

二、依法追缴被告人周某武违法所得人民币一百一十万元退还被害人朱某楠。

广西壮族自治区北海市中级人民法院经审理认为：上诉人周某武以非法占有为目的，在签订、履行合同的过程中虚构事实、隐瞒真相，骗取被害人数额特别巨大的财物，根据《中华人民共和国刑法》第二百二十四条之规定，其行为已构成合同诈骗罪，依法应判处十年以上有期徒刑或者无期徒刑，并处罚金或者没收财产。原判认定的犯罪事实清楚，证据确实、充分，适用法律正确，定罪准确，量刑适当，审判程序合法，应予维持。依照《中华人民共和国刑事诉讼法》第二百三十六条第一款第一项、第二百四十四条之规定，裁定：

驳回上诉，维持原判。

【法官后语】

本案属经济纠纷还是经济犯罪，被告人周某武是否构成合同诈骗罪：被告人周某武利用营业执照取得朱某楠的信任，诱使朱某楠与其签订经营权转让合同，看似符合法律规定。但本案周某武与张某光、聂某合作经营某咖啡店，张某光占45%的份额，周某武占35%的份额，聂某占20%的份额，后周某武以136万元的价格购买张某光所持的份额，但仅支付了60万元，未取得张某光的股份。案发前周某武欠有借款，铺面的租金、水电费、装修费、购买和安装空调费等债务共200多万元，且其已将某咖啡店80%的份额作为抵押物向梁某伟和罗某艳借款。2016年7月中旬，在被害人朱某楠以190万元的价格向周某武购买某咖啡店的经营权的过程中，周某武没有告知朱某楠上述情况，至今朱某楠一直未能取得某咖啡店的经营权。周某武向被害人朱某楠隐瞒其欠有巨额债务无法偿还且某咖啡店的大部分份额已成为抵押物，该店还有其他股东等直接导致朱某楠不能实际取得经营权的关键性事实，明显没有履约能力却虚构其可以自主转让经营权，朱某楠能够实际取得经营权的事实骗取朱某楠的信任，与朱某楠签订经营权转让合同及附加合同，获取朱某楠支付的转让费共110万元后就离开北海，断绝与朱某楠的一切联系，没有将该110万元用于支付给其他股东，偿还借款和店铺的租金、装修费等有助于朱某楠取得经营权方面，也没有协助朱某楠实际取得经营权，逃匿约十个月后被公安机关抓获归案，反映出周某武主观上具有以转让店铺经营权为名非法占有朱某楠财物的故意，并没有实际履行合同的意愿，周某武非法占有的主观故意明显。客观上周某武在签订、履行合同的过程中实施了虚构事实、隐瞒真相的诈骗行为，周某武的行为符合合同诈骗罪的构成要件。因此，本案一审、二审均认定了被告人构成合同诈骗罪。

编写人：广西壮族自治区北海市海城区人民法院　陈继梅

（四）职务侵占罪

48

将个人名下银行卡提供给公司使用，通过挂失补卡手段将卡内钱款取走、消费行为的定性

——关某、赵某职务侵占案

【案件基本信息】

1. 裁判书字号

北京市第三中级人民法院（2020）京03刑终343号刑事裁定书

2. 案由：职务侵占罪

【基本案情】

关某和赵某系某公司员工，关某负责公司后勤部采购事宜，赵某负责公司财务等事宜。黄某系公司实际控制人，其让关某以个人名义办理银行卡交由公司使用。关某于2018年10月以个人名义分别办理银行卡两张，并将银行卡及相应网银、绑定手机卡均交至黄某处。2019年2月，关某找到被告人赵某，提出其欲取走上述两张卡内钱款，后二人多次协商，由关某负责取卡里的钱款，赵某负责观察黄某的举动，事成后二人按比例分赃，赵某告知了关某关于涉案银行卡每月出入账时间的特点。2019年2月28日，关某在谎称银行卡丢失，挂失银行卡后补办了新卡。关某后将两张卡内钱款相继取出、消费，金额共计人民币6309656.62元。公安机关于2019年3月2日将赵某抓获归案，于2019

年4月25日将关某抓获归案。民警在抓获关某时从其处起获了其用赃款购买的手表1块、金链子1条、金扣子1个，赵某于案发后缴纳赔偿款人民币25万元，上述款物均已由北京某公司领走。

【案件焦点】

行为人将个人名下银行卡提供给公司使用，通过挂失补卡手段将卡内钱款取走、消费的行为应如何定性。

【法院裁判要旨】

北京市朝阳区人民法院经审理认为：关某办卡后与银行形成了存款债权债务关系。黄某要求关某办卡供公司使用，相当于赋予了关某为公司利益诚信管理其名下银行卡、保管卡内钱款的职权，关某基于公司要求将卡交付公司使用的行为属于履行职务的行为。关某利用职务便利，通过挂失补卡方式将卡内钱款取出或消费的行为，构成职务侵占罪，赵某系职务侵占罪共犯，对辩方关于本案应认定为侵占罪的辩护意见不予采纳。关某在办卡之初没有非法占有目的，其挂失补卡行为没有使作为存款债务人的银行或公司产生错误认识而处分财产，故不构成诈骗罪，对公诉机关的指控不予支持，对辩方关于二被告人不构成诈骗罪的辩护意见予以采纳。鉴于关某、赵某如实供述犯罪事实，关某用赃款购买的部分赃物已起获并发还，赵某系从犯、没有分赃且主动赔偿被害单位部分钱款，对关某依法从轻处罚，对赵某依法减轻处罚。责令关某退赔被害单位的经济损失。

北京市朝阳区人民法院根据《中华人民共和国刑法》第二百七十一条第一款、第二十五条第一款、第二十七条、第六十七条第三款、第六十一条、第四十五条、第四十七条、第六十四条及《最高人民法院、最高人民检察院关于办理贪污贿赂刑事案件适用法律若干问题的解释》第十一条之规定，作出如下判决：

一、关某犯职务侵占罪，判处有期徒刑八年；

二、赵某犯职务侵占罪，判处有期徒刑一年六个月；

三、责令关某退赔某餐饮公司人民币六百零五万九千六百五十六元六角二分（含从被告人关某处起获并发还给被害单位的手表、金链子、金扣子之价值）。

公诉机关提出抗诉认为，关某将本单位财产据为己有未利用职务上的便利。关某谎称银行卡丢失，银行工作人员因此产生错误认识而对旧卡进行挂失并补办新卡，银行工作人员这一行为的本质是处分了钱款，使公司财务损失，该行为属于三角诈骗。北京市朝阳区人民法院罪名认定错误，法律适用，量刑畸轻。北京市人民检察院第三分院经审查认为抗诉不当，决定撤回抗诉。

北京市第三中级人民法院经审理认为：一审法院作出的判决，事实清楚，证据确实、充分，定罪及适用法律正确，量刑适当，审判程序合法，北京市人民检察院第三分院撤回抗诉的决定，亦符合法律规定，应予准许，裁定：

准许北京市人民检察院第三分院撤回抗诉。

【法官后语】

随着网络技术的发展，交易支付方式从传统的现金支付更多地转向于刷卡支付或者以银行卡为依托的电子支付，实践中也因此出现了持卡人将个人名下的银行卡出租或转借给他人使用后，再通过挂失补卡方式取走银行卡内存款的情况。对该类行为如何定性，司法实践中存在较大争议。笔者认为，要准确把握该类行为的定性，关键在于厘清银行卡持卡人、银行卡使用人与银行之间的关系。

1. 持卡人与银行系存款债权债务关系

货币作为一般等价物属于种类物，具有可替代性。当存款人将货币存入银行，便丧失了对货币的占有。存款人不能直接控制和支配其银行卡内的货币，而是就等额的货币对银行享有提取存款、支付利息的债权。一般而言，银行卡的持卡人就是卡内钱款的所有人，持卡人通过设定密码来排他性地支取卡内钱款实现债权。在持卡人转借他人使用的情况下，使用人为实际存款人，那么与银行有存款债权债务关系的相对方是否变更为使用人。笔者认为，办理银行卡需要实名制，国家对向他人出租或转借银行卡的行为亦有明确的禁止规定，且银行对使用人、存款人是否为持卡人本人没有实质审查义务，因此无论银行卡被谁使用，银行卡的权利义务都应当归属于持卡人。使用人属于代理持卡人与银行履行债权债务关系，相应的法律后果应当由持卡人承担。

2. 行为人（持卡人）取走、消费个人名下银行卡内他人存款的行为的定性

（1）该行为不构成盗窃罪

盗窃是以秘密方式转移占有，判断行为人能否成立盗窃罪，核心在于行为人是否对财产或者财产性利益享有占有权，如果不享有，则成立盗窃罪，反之，则不成立盗窃罪。债权是财产性利益，行为人虽将银行卡借给他人使用，但仍是存款债权法律意义上的占有人。因此行为人取走卡内存款，本质上是从合法的债权占有转为实际所有，而不是转移占有，故不构成盗窃罪。

（2）该行为是否诈骗罪应区分不同情形

是否构成诈骗罪，需要判断被害人是否因行为人的欺骗行为陷入错误认识而处分财物。对银行而言，银行没有审查名义存款人与实际存款人是否分离、持卡人与使用人是否为同一人的义务，持卡人挂失补卡的行为并没有使银行陷入错误认识。持卡人补卡后取现消费，是银行基于与持卡人之间的存款债权债务关系，对持卡人履行支付存款的义务，而非陷入错误认识处分财物。对使用人而言，如果行为人的非法占有目的产生于出借银行卡之后，其补卡挂失取现的行为不构成诈骗罪。如果行为人本身就想通过出租或者转借银行卡的方式不法占有他人存入银行卡内的存款，则可能构成诈骗罪。

（3）该行为构成侵占类财产犯罪

使用人作为实际存款人，对存款享有事实上的控制支配权。行为人通过挂失补卡使原卡无效，使用人丧失对存款的控制支配，行为人对存款取得事实上的控制支配并进行取现消费，成立侵占类财产犯罪。在我国刑法罪名体系中，侵占类的财产犯罪包括侵占罪和职务侵占罪，两罪的主要区别在于职务侵占罪的主体为公司、企业或者其他单位的人员，犯罪对象只能是单位财物且要求利用职务上的便利。所谓职务上的便利，是指利用职务上主管、管理、经手公共财物的权利及方便条件。公司向持卡人借卡使用，是基于持卡人为了公司利益

不会做出挂失银行卡等行为的信任，相当于赋予了持卡人为公司利益而诚信管理其名下银行卡、保管卡内钱款的职权。行为人应公司要求办理银行卡交给公司使用系履行职务。

本案中，公司要求关某以个人名义办理银行卡归公司使用前，必然会考虑其中存在的风险，但仍基于对员工的信任而借用关某的银行卡使用，相当于赋予了关某保管公司钱款的职权。关某应公司要求办卡交付公司使用的行为属于履行职务行为。公司作为实际存款人对卡内钱款有一定支配权，关某挂失补卡后将钱款消费、取出的行为，使公司对卡内钱款失去了控制。关某将卡内钱款从法律占有变为非法占有的行为，系利用了保管卡内钱款的职务便利，故构成职务侵占罪。

编写人：北京市朝阳区人民法院　魏颖　杨妮

（五）拒不支付劳动报酬罪

49

拒不支付劳动报酬罪的入罪标准

——某岚公司、黄某祥拒不支付劳动报酬案

【案件基本信息】

1. 裁判书字号

湖南省娄底市中级人民法院（2021）湘13刑终58号刑事裁定书

2. 案由：拒不支付劳动报酬罪

【基本案情】

某岚公司成立于2018年4月13日，系由被告人黄某祥独自出资设立并担任法定代表人的有限责任公司，经营物业管理服务。某岚公司成立后，承包了某小区的物业管理服务，聘请被害人潘某浩等人担任保安和保洁员。自2019年6月至2020年1月，某岚公司拖欠潘某浩、杨某祥等25名劳动者的劳动报酬共计人民币102196元。2020年1月21日，某劳动监察局通知黄某祥配合调查，但黄某祥未配合。次日，黄某祥更换联系方式逃匿。同年4月20日，某劳动监察局将劳动保障监察限期改正指令书张贴在某岚公司办公楼前，责令该公司于2020年4月27日前足额支付劳动报酬。在指定期限内，该公司仍未支付劳动者的劳动报酬。

【案件焦点】

某岚公司、黄某祥是否构成拒不支付劳动报酬罪。

【法院裁判要旨】

湖南省冷水江市人民法院经审理认为：某岚公司以逃匿的方法逃避支付劳动者的劳动报酬，数额较大，经政府有关部门责令支付仍不支付，被告人黄某祥系单位直接负责的主管人员，某岚公司及黄某祥的行为均已构成拒不支付劳动报酬罪，应依法予以惩处。被告人黄某祥到案后如实供述其罪行，依法可以从轻处罚。黄某祥自愿认罪认罚，依法可以从宽处理。黄某祥到案后支付了部分劳动报酬，可以酌情从轻处罚。公诉机关当庭提出的量刑建议适当，予以采纳。综上所述，公诉机关指控的罪名成立，应当以拒不支付劳动报酬罪追究被告单位某岚公司及黄某祥的刑事责任。

湖南省冷水江市人民法院依照《中华人民共和国刑法》第二百七十六条之一第一款、第二款、第三十条、第三十一条、第六十七条第三款、第五十二条、第五十三条，《中华人民共和国刑事诉讼法》第十五条，第二百条第一项，作出如下判决：

一、被告单位某岚公司犯拒不支付劳动报酬罪，判处罚金人民币四万元；

（限判决生效之日起三十日内缴纳。）

二、被告人黄某祥犯拒不支付劳动报酬罪，判处有期徒刑一年，并处罚金人民币一万元。（刑期从判决执行之日起计算。判决执行前先行羁押的，羁押一日折抵刑期一日。即自2020年7月11日起至2021年7月10日止；罚金限本判决书生效后三十日内缴纳。

黄某祥以原判量刑过重提起上诉。二审期间，黄某祥申请撤回上诉。湖南省娄底市中级人民法院依照裁定：准许上诉人黄某祥撤回上诉。

【法官后语】

以逃匿的方法逃避支付劳动者的劳动报酬，数额较大，经政府有关部门责令支付仍不支付，用人单位及其直接负责的主管人员构成拒不支付劳动报酬罪。通过梳理，该罪的犯罪主体为单位和自然人（直接负责的主管人员），入罪标准为：（1）行为方法是转移财产、隐匿；（2）有支付能力不支付；（3）政府部门责令之后仍不支付。一审法院严格把握入罪标准，对该罪犯罪主体即用人单位及其直接负责的主管人员以拒不支付劳动报酬定罪量刑，是罪刑法定、罪刑相适应原则的充分体现。

认罪认罚从宽制度是特定时代背景下产生的刑事诉讼制度，其具有独特的存在目的和价值。该制度有效缓解有限司法资源与日益增长的案件量之间的紧张关系，充分调动被告人认罪积极性，使其获得更宽大的处理后果，减少社会对抗目的。具体到本案，一审法院厘清该制度边界，坚持认罪认罚自愿性和证据裁判，采纳检察机关量刑建议，一定程度起到优化司法资源配置、提高司法效率和促进诉讼非对抗的司法格局形成的法律作用。

编写人：湖南省冷水江市人民法院　张晓艳

图书在版编目（CIP）数据

中国法院2022年度案例．刑事案例．三/国家法官学院，最高人民法院司法案例研究院编．—北京：中国法制出版社，2022.2
ISBN 978－7－5216－2516－5

Ⅰ．①中… Ⅱ．①国…②最… Ⅲ．①刑事犯罪－案例－汇编－中国 Ⅳ．①D920.5

中国版本图书馆CIP数据核字（2022）第025273号

策划编辑：李小草　韩璐玮（hanluwei666@163.com）
责任编辑：韩璐玮　　封面设计：李宁

中国法院2022年度案例．刑事案例．三
ZHONGGUO FAYUAN 2022 NIANDU ANLI. XINGSHI ANLI. SAN

编者/国家法官学院，最高人民法院司法案例研究院
经销/新华书店
印刷/三河市紫恒印装有限公司
开本/730毫米×1030毫米　16开　　印张/12.5　字数/151千
版次/2022年2月第1版　　2022年2月第1次印刷

中国法制出版社出版
书号 ISBN 978－7－5216－2516－5　　定价：50.00元

北京市西城区西便门西里甲16号西便门办公区
邮政编码：100053　　传真：010－63141600
网址：http：//www.zgfzs.com　　编辑部电话：010－63141792
市场营销部电话：010－63141612　　印务部电话：010－63141606

（如有印装质量问题，请与本社印务部联系。）